Parcs et jardins de Paris et ses environs

Jacqueline Widmar Stewart

Parcs et jardins de Paris et ses environs

Edition Axel Menges

ISBN 978-3-86905-007-2

Impression et réliure: Graspo CZ, a. s., Zlín, République tchèque

Traduction: Marie-Hélène Marty
Design: Axel Menges

Avant-propos

Dans le Grand Paris, le temps a tissé sa tapisserie d'arbres et de fleurs, de sentiers et de fontaines. Un habit vert, magnifique, cache de la laideur. Des décors idylliques masquent les cicatrices du passé. La répulsion pour une ancienne friche se transforme en délices d'un paysage magnifique. La richesse du détail, la précision de la présentation et des travaux produisent un art à la fois merveilleux et complexe.
Comme pour la tapisserie, le style du parc reflète souvent l'ère de sa création. Une visite des parcs des environs de Paris signifie un voyage à travers le temps ainsi que les nombreux plaisirs des lieux. Construits sur le site de thermes anciens d'une population celtique dans un endroit habité dès l'origine de l'Europe, les jardins du musée de Cluny à Saint-Germain des Prés reflètent les habitudes du moyen âge par leur structure et leur conception. Le Jardin des Plantes, le Jardin du Luxembourg et les Tuileries montrent la dignité classique de la Renaissance ainsi que le retour aux idéaux grecs, romains, et des temps de jadis.

Les dessins d'André Le Nôtre, formalistes et hautement stylisés, devinrent la signature de l'aménagement paysager au 17ème siècle en France. Au-delà de cela ils impriment pratiquement tous les grands domaines de cette période, en particulier ceux qui ont encerclé le sud de Paris. Bien que Le Nôtre ait réalisé ces projets pour des propriétaires privés à l'époque, des exemples notables de son travail sont ouverts aux visites publiques, conservés plus ou moins comme à l'origine. Ses chefs-d'œuvre historiques – comme Vaux le Vicomte, Sceaux, Versailles, Saint-Germain-en-Laye – composent le tissu vert dessiné par Le Nôtre.

L'œil averti peut trouver des traces de plusieurs brins de développement tissés dans certains parcs. Des édifices du 17ème siècle datant des Médicis se retrouvent dans le style de construction de palais et de fontaines menant à une statuaire imposante. On peut apercevoir aussi des détails du 19ème siècle à l'ère de l'empereur Napoléon III, en particulier dans les pavillons et la statuaire.

D'autres projets Napoléon III-haussmanniens comme le Bois de Boulogne, le Parc Monceau et les Champs-Elysées ont conservé leurs allures romantiques du 19ème siècle, d'inspiration anglaise. Des voies circulaires et douces remplacent la rigidité angulaire du 17ème siècle. La nature règne suprême, les bâtiments s'intègrent au naturel avec un caractère aléatoire étudié. La verdure semble assymétrique mais en même temps élégante.

Quelques éléments de tapisseries médiévales comme les allégories jouent également un rôle dans les parcs. Le chêne symbolise la fertilité et la renaissance et signifie l'arrivée du printemps encore au 21ème siècle. Remplis de pépins, les fruits du grenadier évoquent la fécondité, même dans leur forme. Faire appel à tous les sens – goût, toucher, vue, odorat et ouïe – demeure l'objectif des parcs comme celui des scènes de tapisseries.

L'oranger, qui à la fois fleurit, aromatise et produit des fruits, revendique toujours une place spéciale dans le parc. Les fragrances de fruits, le bourdonnement des abeilles et la douceur plumeuse du saule restent aussi emblématiques pour le jardin traditionnel que pour des sujets de tapisserie. De tels fils se tissent dans les jardins spéciaux attribués aux parfums, aux arbres fruitiers, à l'aménagement paysager comestible, aux vignobles et aux ruches.

L'élément principal de tous les parcs c'est toujours l'art. Art et nature s'entrelacent de façon à la fois unique et généreuse dans tous les parcs. Il en résulte donc que tout au long de l'histoire, les artistes ont joué un rôle important dans la préservation et le développement des espaces extérieurs. Des jardins médiévaux à nœuds aux jardins sculpturels de Rodin, des mains artistiques ont créé le grand dessin des parcs.

Des histoires nombreuses et étonnantes appartiennent à l'héritage des communautés d'art d'antan. Plusieurs peintres en plein-air« portèrent la toile dans la forêt profonde de Fontainebleau pour convaincre le monde de l'importance de préserver ces espaces incomparables. Sans que les gens d'aujourd'hui amoureux de cette forêt n'en aient aucune idée, les pétitions des artistes de Barbizon et les représentations picturales ont abouti à la forêt domaniale de Fontainebleau. Le groupe légendaire regroupé dans des villages à proximité de Barbizon a laissé une marque indélébile de charme pittoresque, de sorte que les villages eux-mêmes sont devenus un hommage au travail des artistes.

Leur influence s'est répandue de différentes façons et directions. Après que Claude Monet ait quitté Fontainebleau, il a découvert Giverny et a créé un sujet de merveilles pour ses peintures, qui continue encore aujourd'hui d'attirer un public international. Merci à Monsieur Jules Gravereaux, connu de très peu de gens, le monde entier s'arrête pour sentir les roses autour de Paris. Son art d'entrelacer les roses dans les arcades, treillis, tonnelles et salons peut être apprécié dans plusieurs roseraies encore à ce jour. La portraitiste Nélie Jacquemart a laissé à la postérité non seulement les images de son mari, mais aussi toute une abbaye avec son vaste domaine. Le célèbre sculpteur Auguste Rodin donna à la France deux musées et son travail s'affiche dans le parc et l'organisation du jardin.

Comme des tapisseries vivantes, les parcs accueillent le public en entrant dans le monde de la magie naturelle. Variés, abondants et luxueux, ils ouvrent la voie à une myriade de scènes de renouvellement de l'esprit à la découverte scientifique. Ces plus grandes richesses Parisiennes brillent comme l'or en automne et verdissent au printemps.

1. Square Louis XIII, place des Vosges, 3ème arrondissement.

Scènes d'une histoire bien boisée

Un amour profond pour les forêts a été transmis au cours du temps aux habitants de Paris. Aux temps anciens – bien avant que les notions de propriété foncière n'aient pris vie – des nomades utilisaient les fleuves comme rues et les forêts comme entrepôts. Bien approvisionné en baies et en gibier, le bois des forêts fournissait également une réserve de combustibles pour la cuisine, le chauffage et la forge des métaux.

Le respect et la chasse antique

A peu près au 3ème siècle avant notre ère, des civilisations européennes comme La Tène et Hallstatt considéraient les collines et les lacs comme sacrés. Les Druides celtiques avaient choisi les chênaies pour la mise en scène de rituels et pour tenir leurs séances. L'utilisation du chêne pour fondre le minerai de fer inaugura l'âge de fer, ce qui alimente encore la révérence pour les chênes en général et la consécration rituelle des arbres individuels.

Historiquement des habitants se regroupèrent sur une longue île de la Seine de nos jours nommée Ile de la Cité. Cette île offrait la protection contre l'invasion. Une bande de terre dans le milieu rendait le fleuve plus facile à gué. De l'époque préromaine à l'époque gallo-romaine, le règlement de Lutetia revendiqua ce domaine. Les mots »Lutetia«, »Lukotekia«, ou en français moderne, »Lutèce«, veulent probablement dire »marais« en langue celtique.

L'expérience montre qu'au 2ème siècle avant notre ère, une tribu connue comme Parisii entra dans la région maintenant connue comme Nanterre–Paris et s'établit principalement autour de ce qui est maintenant l'Ile de la Cité. A cette époque la région était densément boisée et offrait de bons terrains de chasse pour les ours, les loups, les cerfs, les loutres et les castors. Les Parisii y restèrent au moins jusqu'au début de l'époque romaine; ils ont laissé les pièces d'or et ont donné à Paris son nom actuel.

Bois et jardins de l'Empire romain

Pour les anciens colons celtiques, il y avait plusieurs dieux pour garder leurs eaux et forêts. Des dieux individuels protégeaient des arbres comme les hêtres et les chênes, et des sources d'eaux diverses. Luxovius avait la responsabilité de l'eau de la ville, Condatis celle des confluents des rivières. Sous la domination romaine, le site le long de la Seine atteint une importance majeure dans la province de la Gaule lyonnaise (Gallia Lugdunensis). Pendant la période à laquelle les Romains prédominèrent Paris vers le 1er siècle avant notre ère, leurs divinités régnaient sur ces terres. A l'époque de la conquête de Lutetia par Jules César, le dieu Silvain protégeait les »terres incultes«. Le dieu pastoral était responsable de la surveillance des troupeaux.

Pour se protéger des envahisseurs, les bois étaient pratiques. Lorsque le printemps apportait des hordes d'assaut de légions romaines saisissant les humains et le bétail et brûlant des maisons et des villages dans leur sillage, les bois près de Paris offraient asile à ceux qui fuyaient le fléau. Les armées romaines récoltaient le bois provenant de forêts européennes pour construire leurs forts massifs et nombreux, mais les épaisses forêts pouvaient aussi entraver les mouvements des troupes et cacher les parties de raids locaux. Le 5ème siècle témoigna de la chute de Rome et de la domination de l'Empire romain; les tribus franques prospérèrent en contrôlant le terrain.

A peu près un siècle plus tôt en Irlande la conservation de l'érudition classique avait déjà commencé. Le Celte Patrick, partisan passionné de livres et d'esthétique, inspira l'expansion de ses idées en Europe qui firent renaître et préservèrent l'apprentissage ouest. Selon le schéma des principes égyptiens, il fonda des abbayes centrées sur l'étude, la contemplation et le respect de la nature.

Des manuscrits ont été collectés et copiés dans les abbayes qui ont surgi autour de Paris; jardins et vignes sont devenus partie intégrante de la vie de l'abbaye. Contemplation et appréciation de la nature étaient encouragées. Les abbés et abbesses accueillaient les voyageurs et les troubadours dans leur milieu, stimulant la communication ainsi que le partage des traditions littéraires.

La dynastie mérovingienne gouverna la France au début du Moyen Age. Du 5ème au 8ème siècles, les Mérovingiens établirent leur présence dans de multiples endroits, en particulier dans ce qui est maintenant Paris et Saint-Denis. Par l'épée et par le mariage, ils commandaient de plus en plus grands territoires.

La renaissance carolingienne commença avec le couronnement de Charlemagne en 800. »Charles le Grand« a promu la culture et l'éducation à travers les vastes étendues de son royaume en pleine expansion en préconisant l'éducation pour les garçons et les filles.

Décrets verts de Charlemagne

Au moment où Charlemagne fut couronné, les Francs contrôlaient presque toute l'Europe. Au 9ème siècle, Charlemagne publia les capitulaires dans lesquelles il décréta les types de plantes et d'arbres fruitiers qui devaient être plantés dans son royaume. Exemples des différentes catégories qui comprennent:

fleurs: le lys et les roses;

herbes: le fenugrec, le cumin, le romarin, la bardane, le cumin et le fenouil;

salades: le concombre, le melon, la fusée, le persil et la laitue;

herbes potagères: la chicorée, les endives, les betteraves et plusieurs sortes de menthe;

racines: le panais, la carotte, l'oignon, l'échalote, l'ail;

arbres fruitiers: le pommier, le figuier, le poirier, le cognassier, le mûrier,

le noyer, le châtaignier, le noisetier, l'amandier et le pin.

A cette époque il y avait une soigneuse classification des jardins. La »section« de hortus, comme cela s'appelait en langue latine, était réservée à la culture des légumes. Le »herbularius«, pour les herbes médicinales, devait être suffisamment petit pour pouvoir en atteindre le milieu de tous les côtés. Des chemins menaient à deux sections, partiellement ombragées, meublées avec des bancs. Un 3ème type de jardins commença dans les monastères, »viridiarum«, avec une partie verger et une

partie de cimetière – essentiellement un cimetière au milieu des arbres fruitiers. Pas un seul endroit n'était spécialement désigné pour les fleurs, qui germaient parmi les autres plantes et arbres.

Emergence des jardins médiévaux

L'empire de Charlemagne marqua un moment de paix relative. Aux fins de défense et de chasse, les collines bénéficiaient des meilleurs points de vue et sites de forteresses. Comme la population pouvait rester à un seul endroit sans être obligée de se déplacer, la mode de vie passa du nomadique au règlementé. Ainsi les jardins furent en mesure de prospérer et de s'aggrandir.

Notamment à Hesdin dans le nord de la France en 1288, au moins 2000 acres composaient le parc de Robert II d'Artois, avec des étangs, des volières, une ménagerie, des oublettes, une roseraie, un pavillon pour les banquets, des collines et une rivière marécageuse. Des plantes décoraient les fontaines, des bancs ornaient les prairies. Des hérons, des cygnes et des paons courraient librement.

D'autres éléments médiévaux préférés dans les parcs et jardins incluaient:

Des hydromels fleuris, des bancs d'herbes, des cours et des fosses;

Des palissades, des murs de vigne-lacées et des treilles, des passerelles de style gothique, des palissades et des clôtures tissées de vigne;

Des voies à baldaquin, des arcades en tunnel, de tonnelles de sécurité, des taillis;

Des clairières, des arbres étêtés, des saules, des pièces extérieures divisées par des murs et des haies, des vergers, des vignobles protégés contre les renards par des haies d'épines;

Des plantes médicinales, des herbes aromatiques, des légumes, des roses, des myosotis démunis, des aubépines, des ancolies, des tables en plein air pour manger et travailler;

Des pavillons pour banquets, des ressorts, des fontaines crénelées, des linottes, des merles, des rossignols, des chardonnerets, des faisans, des perdrix, des tourterelles, des hérons et des paons pour symboliser l'immortalité;

La chasse dans les bois, la cueillette dans le jardin, la pêche dans les étangs de jardin.

Le Moyen Age revitalisa la notion ancienne selon laquelle les rivières coulaient du paradis. L'eau a été estimée dans la littérature, la tapisserie et les dessins en tant que reine de tous les éléments et source de vie. Comme chez les prédécesseurs romains, les fontaines jouaient un rôle important dans la vie quotidienne.

Dès le 12ème siècle, un quatrième type de jardins devint populaire avec la montée en puissance de l'amour courtois. La roseraie fut le cadre par excellence pour les rendez-vous galants, comme décrit dans la littérature et à travers la tapisserie. Les parcs médiévaux créèrent un monde de rêve pour les rencontres romantiques; les jardins clos en étaient le décor. Le Roman de la Rose, poème allégorique du 13ème siècle évoluant autour de l'amour courtois, a commencé son histoire dans un jardin clos, puis s'est transféré dans un paradis de parc.

La description ci-dessus peint une scène idyllique. D'un endroit à un autre à travers l'Europe pendant le Moyen Age, le décor a été soumis à des changements constants. Comme les informations archéologiques et génétiques modifient la vue ancienne de l'histoire, les histoires locales sans aucun doute augmenteront en importance et en disparité. Comme il apparaît maintenant, pendant les quelques siècles qui suivirent le Moyen Age, les parcs et jardins restèrent presque exclusivement des propriétés privées.

Les parcs publics du 17ème siècle

Les Tuileries, seul parc du paysagiste André Le Nôtre ouvert au public au 17ème siècle, signifièrent une étape audacieuse qui attira une vive consternation. En cette période sous le règne de Louis XIV, de nombreuses demeures avec jardins classiques somptueux furent conçues par le trio célèbre de l'architecte Louis Le Vau, l'artiste Charles Le Brun et André Le Nôtre. Aujourd'hui, plusieurs de ces projets communs sont ouverts au public dans les environs de Paris; Les Tuileries demeurent le seul parc de Le Nôtre dans la ville elle-même. Auparavant dans le cadre des jardins de Catherine de Médicis, les Tuileries avaient déjà été un terrain vague près d'un palais qui plus tard a brûlé.

Un autre projet de Le Nôtre se trouve au Parc de Bercy à Paris au bord du fleuve. L'ancien château de Bercy y était situé auparavant, mais il fut détruit en 1861. Cet emplacement du Parc de Bercy servit également de quartier des entrepôts des vins, des rails le connectant à des quais le long de la Seine.

Bercy, Versailles, Vaux le Vicomte, Saint-Germain-en-Laye, Saint-Cloud, Sceaux, Fontainebleau et Chantilly, bien que conçus comme jardins privés par Le Nôtre à l'époque, sont ouverts pour un usage public maintenant. A portée de la Ville, tous comptent parmi les destinations préférées des Parisiens.

Un trésor vert du Second Empire

La signature des grands espaces verts de Paris découlent du plan de Napoléon III pour améliorer la vie parisienne. Les boulevards plantés rayonnant à partir de cercles – connus comme les étoiles – et les grandes avenues Foch et Georges Mandel bordées d'arbres restent les éléments archétypaux du style de l'époque de Napoléon III.

Napoléon III était revenu de son exil en Angleterre inspiré par les parcs de Londres prisés par les riches ou les pauvres. Son préfet de la Seine, le baron Haussmann, effectua des commandes pour nettoyer et embellir Paris, ce qui donna lieu à la création de parcs, de bâtiments élégants, de boulevards et d'une esthétique urbaine habituellement associés au nom de Haussmann. Sous la direction du baron Haussmann et de son ingénieur Jean-Charles Alphand, 600.000 arbres et 180.000 acres de forêt et de jardins furent ajoutés au domaine français. En l'espace de 17 ans la ville fut enveloppée d'un élégant manteau de verdure, ouvert à tout le monde.

Le Bois de Boulogne, le Bois de Vincennes, les Buttes-Chaumont, le parc Monceau, le Jardin de Luxembourg, les Jardins des Champs-Elysées, les Jardins du Trocadéro, tous les squares, l'avenue de l'Impératrice (aujourd'hui avenue Foch), les plantations d'alignement et les Promenades Plantées représentent les plus grandes réalisations de cette période.

2. Milly-la-Forêt, Essonne.Caractéristique de jardin de style médiéval: voie ombragée de glycines.
3. Château de Courances, Essonne, Ile-de-France.

L'impact des larges boulevards bordés d'arbres sur le regard et le ressenti de Paris ne peut pas être sous-estimé. Dans un écart par rapport à la vision de Napoléon III pour la ville, l'architecte Charles Garnier insista pour qu'aucun arbre ne soit autorisé à obstruer la vue de son bâtiment de l'opéra historique. En comparaison avec les boulevards de la même époque qui sont honorés par des rangées d'arbres imposants, l'avenue de l'Opéra apparaît austère, non protégée par des sentinelles de la nature et non adoucie par le feuillage.

Alors que Paris se transformait, Napoléon III accorda l'exception à une colonie d'artistes dans une forêt plus au sud. Fontainebleau devint la première forêt nationale du monde.

Une colonie d'artistes du 19ème siècle à Barbizon et la lutte pour Fontainebleau

L'Art et la nature ont toujours entretenu une relation particulière, mais les succès de Fontainebleau ont représenté un triomphe durable pour les deux. Les artistes qui se réunissaient à Barbizon inaugurèrent finalement la nouvelle ère de l'impressionnisme tout en préservant les terres forestières et les roches majestueuses.

L'histoire commença en 1830, lorsque Camille Corot se déplaça vers le petit village de Barbizon pour peindre la lumière filtrant à travers les forêts voisines de Fontainebleau. Bientôt les peintres Théodore Rousseau, Diaz de la Pena, Félix Ziem, Constant Troyon et Jean-François Millet le suivirent et, ensemble, ils formèrent l'école de Barbizon. Paul Cézanne et Paul Emile Pissarro le rejoignirent quelques années plus tard, et Claude Monet plus tard encore.

De plus en plus inquiet par la destruction des forêts, Corot publia son appel de clairon sur toile. Il utilisa ses peintures pour montrer la nécessité urgente de la conservation. Les efforts des artistes attirèrent également l'attention des photographes et des écologistes.

En 1852, Théodore Rousseau lança un appel direct à Napoléon III, qui répondit à la pétition en décrétant, en 1853, une partie de la forêt réserve naturelle. Ce fut en soi une réalisation étonnante pour le groupe d'artistes de plein-air. Les studios en plein-air inspirent toujours l'imaginaire romantique même aujourd'hui. Comme encore une autre indice d'effet des artistes plein-air, Claude Monet créa les jardins de Giverny.

L'émergence de Giverny comme une scène de l'art, le jardin

En 1859 le travail de Camille Corot à Fontainebleau attira l'attention d'un jeune de 19 ans, Claude Monet, à une exposition de salon avec trois des peintres de Barbizon. Quatre ans plus tard Monet s'installa dans un village assez proche de Barbizon pour observer le groupe de peinture de première main. Dans le même temps, il se familiarisa avec le travail de Gustave Courbet, Auguste Renoir, Alfred Sisley, Pissarro Paul Emile et Paul Cézanne.

Quelque temps plus tard Monet regardant par la fenêtre d'un train, choisit instantanément le petit endroit charmant appelé Giverny pour y installer son propre siège artistique. En dépit d'être un lieu d'importance historique considérable, avec des ruines gallo-romaines, mérovingiennes et médiévales, Giverny avait réussi à maintenir son charme de petite ville. En 1880, Monet acheta une maison et suffisamment de terres pour commencer ses célèbres jardins.

Près d'un siècle plus tard, encore un autre brin d'histoire de l'art tissa son chemin dans Giverny. En 1992, la fondation de Daniel Terra de Chicago ouvrit le Musée d'Art Américain de Giverny avec de vastes jardins. Aujourd'hui Giverny reste une oasis d'art impressionniste, accueille les visiteurs du monde entier à la fois dans la maison et les jardins de Monet et au Musée des Impressionnistes à Giverny.

Les studios, les musées de Rodin

Le talent, la prévoyance de Rodin ont permis non seulement l'acquisition publique de sculptures, mais aussi de deux musées et de jardins dans lesquels les présenter. Les jardins sur les deux sites servent de cadres pour ces sculptures monumentales, à la fois avec des salons de plein air intimes et de vastes galeries vertes.

Suite à la grande tradition de la ville verte

Des projets de parcs gonflent les coffres parisiens verts de nouveaux espaces, de conversions de zones industrielles, de rues bordées d'arbres arbres. La promotion des arts naturels, des sciences, de la durabilité, de l'innovation agissent pour assurer et développer de saines pratiques environnementales. Le nombre de parcs de Paris, de jardins, de squares répartis dans toute la ville dépasse de loin quatre cents et ce nombre continue de croitre.
La Ville expose régulièrement les subtilités de développement du parc, la construction et l'entretien, en offrant des possibilités de carrières connexes. Sur le site www.paris.fr les messages des bureaux de la mairie actualisent l'information sur les parcs et jardins, y compris la fréquence des »Fêtes des Jardins« tenues dans les parcs. Ces événements présentent des opportunités complémentaires pour l'apprentissage sophistiqué des pratiques écologiques à la minute.

Traces vagues de l'antiquité

En se promenant à travers les parcs, on est enveloppé dans la beauté de la nature, mais aussi séduit par les références historiques et artistiques. Sur les pages à venir le lecteur est invité à faire une visite chronologique de certains des voisinages qui ont joué un rôle vital conférant à l'Ile de France son allure verte sanctifiée.

Commençant avec les Anciens

Bien qu'aucune ruine de l'époque gallo-romaine n'ait survécu, rendons grâce encore au square du Vert-Galant, toujours le refuge encadré par la Seine sur ses deux côtés, endroit approprié à l'habitation depuis les origines. La dévotion des anciens Celtes galliques et des Romains pour l'eau – thermale des sources, des aqueducs ou des sources artési-

4. Forêt de Fontainebleau, Seine-et-Marne.
5. Parc de Bercy, 12ème arrondissement.

ennes – semble être immortalisée dans cette retraite minuscule du milieu du fleuve.

Sur le site de probablement la première occupation humaine de la région parisienne, on ne peut pas s'empêcher de sentir l'importance de la Seine pour tous les habitants durant l'antiquité. La variété de la végétation, l'élégante simplicité de la conception reflètent la qualité de l'artisanat et de l'utilisation de l'espace publique en général dans les environs de Paris.

Encore un endroit de l'activité ancienne peut mériter d'être mentionné. L'Arène sportive et le colisée des Arènes de Lutèce se trouvent à une courte distance au sud de la Seine. À mi-chemin entre le Vert-Galant et les Arènes de Lutèce, le musée de Cluny et les jardins occupent les thermes utilisés par des Gaulles et Romains il y a deux mille ans. Les fouilles archéologiques des ruines peuvent être consultées à l'intérieur du musée.

Plus en avant dans le temps, l'histoire du musée de la tapisserie des Gobelins, Place René Le Gall, s'est développée le long d'une rivière maintenant souterraine. La production de teinture et le tissage ont prospéré sur ce site, et cela devint plus tard la manufacture royale avec de vastes jardins.

Square du Vert-Galant, 1er arrondissement

Intrinsèquement un endroit romantique mais pratique, ce coin de terre maintenant connu comme Ile de la Cité, se situe au milieu de la Seine. Le fleuve coule encore le long des deux côtés de la pointe élancée connue comme Vert-Galant. Un escalier descend discrètement de la route en haut sur le pont très fréquenté.

Caché de la pleine vue, le parc se tapit en bas, tout en forme de gouttes de rosée, sa sérénité verte le séquestrant du regard de la foule. La ville rayonne autour de la pointe réputée être la plus ancienne colonie de Paris. Si on regarde de l'autre côté de la rivière, ce parc ressemble aux terres d'un grand domaine.

Dès le début, cette partie de l'île abrita un palais mérovingien maison des »rois aux cheveux longs« Mérovée, Childéric, Clovis, Clotaire, Dagobert et Chilpéric. Cette dynastie a commencé son règne sur la zone connue comme Francia dans le milieu du 5ème siècle. En commençant par la partie appelée »Neutria« sur la rive ouest, les rois Francs saliens conquirent la plupart de la France d'aujourd'hui, avec l'Allemagne et la Belgique.

En conformité avec les traditions antérieures, des bains publics se trouvaient à cet endroit au 18ème siècle, protégés par des rangées d'arbres. Aujourd'hui, le parc contient des érables, des pommiers, des oliviers de Bohême, des catalpas, des robiniers et des gingkos.

Les Arènes de Lutèce, 5ème arrondissement

L'amphithéâtre d'origine romaine occupa ce site du 1er au 3ème siècles de notre ère, mais il fallut attendre la fin du 19ème et le début du 20ème siècle pour que le terrain soit acquis et la reconstruction terminée. Dans l'intervalle, une rue nommée la rue Monge avait été tracée à travers le site, excluant la possibilité d'une véritable réplication. La capacité de l'arène était 17.000 spectateurs.

Hôtel de Cluny, 5ème arrondissement

Il va de soi que certaines des plus anciennes ruines de Paris peuvent être trouvées à proximité de l'Ile de la Cité. Alors qu'elle est située au milieu de la Seine, l'île a attiré des colonies depuis des temps immémoriaux en raison de la relative facilité de traverser la rivière. Juste à une courte distance au sud se trouve ce grand trésor de l'histoire de Paris.

Des vestiges de l'influence romaine peuvent être vus à d'autres endroits de la Ville, mais les ruines dans le cadre du musée de Cluny suggèrent le rôle central joué sur ce site dans la vie ancienne en termes d'eau. L'excavation des thermes est partiellement visible de la rue, et dans une plus grande mesure à l'intérieur du musée. Comme une partie essentielle de la vie quotidienne, les bains sans aucun doute bénéficièrent d'un emplacement privilégié dans la colonie romaine. Auparavant, la tribu celtique de Parisii s'était installée sur ce site pour ses eaux chaudes.

Pour la plupart des gens »Cluny« évoque habituellement le magnifique manoir gothique de Saint-Germain. L'abbaye de Cluny, fondée en 910 en Bourgogne près de Mâcon, était l'institution la plus puissante de son genre en Europe à cette époque. Cette Cluny de la rive gauche à Paris servit de résidence secondaire aux abbés de l'église romaine.

Au 14ème siècle, les abbés ordonnèrent que leur nouvelle résidence à Paris soit construite sur les ruines des thermes de Lutèce des 2ème et 3ème siècles. A l'origine, la portée de l'abbaye de Cluny incluait les îles britanniques et était la deuxième en taille après la basilique Saint-Pierre de Rome. Maintenant, dixième en taille, l'abbaye de Cluny abrite principalement l'école nationale des arts et métiers. Dans la première moitié du 19ème siècle, Cluny devint un musée.

Dans les profondeurs sous le bâtiment de Cluny se trouvent des édifices anciens. A l'étage supérieur se trouve également un trésor. Les six panneaux de la tapisserie de La Dame à la Licorne datant du 15ème siècle sont une mine de références historiques, pas seulement de l'époque dans laquelle ils ont été tissés mais aussi de l'histoire ancienne. Cinq sont consacrés aux sens et le sixième »à mon seul désir«.

À première vue, les scènes décrites dans les tissages gigantesques peuvent sembler complètement idylliques et irréels. Il est difficile d'imaginer que des lions et des créatures à une corne erraient dans l'ancienne Lutèce. Un regard plus large sur l'image, cependant, donne idée de l'énorme réserve que représentait la nature dans l'antiquité.

Placer des activités en plein air au milieu des arbres et des fleurs glorifie même les actes les plus communs, que ce soit jouer d'un instrument, en regardant dans le miroir ou en savourant des spécialités. Cette formule reste le dénominateur commun de chaque tapisserie dans l'ensemble: arbres encadrant l'activité et des fleurs partout. Des femmes portant les plus beaux brocarts s'engagent dans l'apparat, soulignant en outre la grandeur de la nature.

L'attention portée aux tissages médiévaux peut améliorer l'appréciation des jardins médiévaux extérieurs. Le jardin était divisé en quatre parties: le jardin potager, le jardin d'herbes, le jardin symbolique et la roseraie qui représente les idéaux de l'amour courtois. En raison de l'absence de preuves archéologiques et parce qu'aucun jardin médiéval n'a survécu dans sa forme originale, les chercheurs ont tiré les notions des premiers jardins médiévaux principalement de manuscrits enluminés et de références manuscrites.

Les murs et les haies pour séparer les différentes parties du jardin ont probablement commencé dès que la vie nomade s'est arrêtée et que les colonies se sont installées. La cueillette des herbes devint plus facile quand elles furent cultivées près de la résidence.

Chroniques de tapisseries gothiques

L'art de la tapisserie tient une place d'honneur dans les annales de l'art et des traditions des jardins. Des scènes tissées offrent la vision d'une période dont l'art tend autrement à être consacré à des thèmes religieux. Les tapisseries ornent les murs des châteaux, et non les côtés des cathédrals, donc les sujets ne sont pas religieux. L'objet tissé tend vers des thèmes séculaires.

La flore peut ne pas avoir toujours été peinte avec rigueur – comme les grenades poussent sur les frondes des arbres, par exemple. Malgré cela, les paramètres globaux et les effets donnent une idée des us et coutumes considérés comme suffisamment importants pour être immortalisés à l'époque. Précieuse et choisie pour cadeau d'Etat, la tapisserie atteint un statut vénéré au 15ème siècle, en particulier parmi les puissants ducs de Bourgogne.

Les artistes conçevaient des dessins en taille réelle placés à l'arrière de la chaîne d'un métier à tisser. Alors c'était le tisserand et non l'artiste, qui tissait la tapisserie de la face arrière, à l'aide d'un miroir. Au lieu du tissage de bas en haut, la tapisserie était tissée d'un côté à l'autre pour donner de gracieuses lignes d'ombre. Les métiers à tisser furent mis en place sur site et des panneaux furent créés spécifiquement pour les murs particuliers.

La production de tapisserie en Flandres est mieux connue, mais de nombreux ateliers ont prospéré en France plus tôt. La ville d'Arras, connue pour tapisserie tissée d'or et de soie aux 14ème et 15ème siècle, en est un exemple.

La manufacture de tapisseries des Gobelins et de la place René Le Gall, 13ème arrondissement

Sous les jardins René Le Gall coule un ruisseau qui joua un rôle essentiel dans l'entreprise qui a rendu ce secteur célèbre. Au 15ème siècle, une famille du nom de Gobelin commença une entreprise de teinture sur les rives de la Bièvre. En 1938 quand le quartier s'ouvrit au public, l'eau fut canalisée par des canaux souterrains.

Au 16ème siècle, l'entreprise de teinture Gobelin développa avec succès un atelier de tapisserie rare. En 1662, le gouvernement sous Louis XIV acheta la manufacture de tapisserie et la combina avec la fabrique du mobilier royal. Bien que la manufacture continue de produire de grandes tapisserie tissées à la main et d'enseigner des techniques traditionnelles, le bâtiment principal est devenu un musée avec des expositions de chefs-d'œuvre de tissage.

René Le Gall occupe une grande partie de la zone qui servait de jardins potagers aux les artisans travaillant pour la manufacture des Gobelins. Le cadre de la conception du parc rappelle ces moments des 15ème et 16ème siècles, tandis que les gloriettes, ou gazebos, ajoutent une touche romantique.

Comme la tapisserie mille fleurs du musée de Cluny, la flore et la faune de la collection de tapisseries des Gobelins contiennent de nombreuses ré férences allégoriques. Les vêtements des sujets suggèrent les activités quotidiennes. Une scène montre une cour en plein-air sous un dais de vignes dans laquelle un accusé est en cours de justice. Dans une autre scène, des amours s'occupent d'un parterre de fleurs avec des arrosoirs.

Les premiers jardins médicinaux publics, le patrimoine de remèdes à base de plantes

Les plantes médicinales ont toujours tenu une place importante dans l'histoire. Les Druides celtiques faisaient des cures avec des herbes sauvages. Pline l'Ancien a discuté des avantages des plantes médicinales au premier siècle de Rome; l'ail, l'achillée millefeuille, le souci et l'estragon ont probablement été administrés à des soldats romains. Charlemagne prit un tel intérêt dans les herbes naturelles qu'il ordonna que certaines soient plantées par les sujets de son empire au 9ème siècle. A cause de la longue tradition de la médecine naturelle, le Jardin des Plantes mérite une reconnaissance particulière pour avoir établir jardin médicinal public qui continue à suivre la charte originale de la science naturelle.

Jardin des Plantes, 5ème arrondissement

Pendant près de quatre siècles, ce parc a été dévoué à la science. Les jardins maintiennent toujours un but typiquement didactique, avec des pancartes d'information des graphiques, des descriptions détaillées. Des jardins alpins, écologiques, botaniques, horticoles, paléontologiques, mineralogiques, évolutionaires et zoologiques fournissent des renseignements à des myriades de thèmes.

En 1640 un jardin d'herbes médicinales, d'environ un quart de la taille du Jardin des Plantes d'aujourd'hui, a ouvert au public. Initié par les médecins de Louis XIII comme une source de médicaments pour ceux qui en avaient besoin, il a également été utilisé pour la recherche par l'école de médecine. À la fin du 17ème siècle, des jardins botaniques et zoologiques et un amphithéâtre pour l'enseignement de la chimie ont été ajoutés, et l'ensemble est devenu un centre pour les scientifiques les plus éminents de l'époque.

La Grande Galerie avec ses gracieuses allées, roseraies, labyrinthes, rotondes et l'amphithéâtre apporte un charme incommensurable. Le vieil arbre de Juda, le marron d'Inde et le cèdre du Liban datent tous du 18ème siècle; le parc abrite 400 types d'iris et 800 animaux. La romance de la conception du parc attire des artistes, dont certains sont mandatés par le parc pour préparer le matériel et les livres.

En plus de la vaste gamme d'intérêt scientifique de longue date, le parc continue à être bien connu pour son esthétique. Le conservatoire se distingue comme une innovation 19ème siècle dans l'utilisation du verre et du fer. Dans une tradition qui conti-

6. Le buste d'André le Nôtre au Château de Vaux le Vicomte, Seine-et-Marne.

nue aujourd'hui, les caractéristiques de conception ont été soigneusement élaborées, des poteaux indicateurs aux couvertures du drain.

Cadre somptueux

Le patrimoine de Le Nôtre; André Le Nôtre (1613–1700) et le design du 17ème siècle

Ayant grandi littéralement dans les jardins des Tuileries, André Le Nôtre a bénéficié des compétences de son père jardinier et l'a suivi dans la position de chef jardinier. La famille résidait à côté du Palais du Louvre dans lequel se trouvait à cette époque, l'académie des arts. C'est là qu'il étudia l'art classique de la perspective, des mathématiques, de la peinture et de l'architecture.

En 1657, Le Nôtre commença son premier projet majeur au Château de Vaux le Vicomte pour Nicolas Fouquet, le ministre des finances de Louis XIV. En 1661, il travailla pour le roi lui-même pour améliorer le jardin et les parcs du Château de Versailles. Pour la ville de Versailles, il conçut la grande avenue de Paris, toujours une caractéristique principale.

Fontainebleau, Saint-Germain-en-Laye, Saint-Cloud, Chantilly, les Champs-Elysées, Sceaux et Marly comptent parmi ses projets. Il a également fourni des dessins pour le Greenwich Park de Londres, les jardins rénovés près de Turin en Italie, et a conseillé sur un projet en l'Allemagne. Un certain nombre de projets qui existent encore se trouvent à proximité de Paris et sont maintenant ouverts au public.

Les signataires de l'Antiquité ont inspiré le paysage du 17ème siècle avec des notions d'arbres taillés, des canaux, des labyrinthes et des palais de cristal. D'autres idées populaires étaient que la diversité embellit les jardins et que le jardin doit être positionné par rapport à la configuration du terrain. La forme des jardins, les allées, les promenades, les parterres, le relief, les améliorations du système d'arrosage, les rivières, les ruisseaux, les fontaines, les canaux pour transporter l'eau des fontaines, les grottes, les volières, les espaliers et les jardins d'agrément ont tous joué une bonne place dans la conception des jardins de cette époque.

Dans le temps-là, on considérait les lacs comme les yeux de l'océan et les sources comme la remontée des mers. Les principes de base pour la conception prétendaient que l'art devrait céder place à la nature, les jardins ne devraient pas paraitre sombres, pas divulguer trop, et devraient paraître plus grands qu'ils ne le sont vraiment. Les dessins devraient toujours être grands et beaux. Le jardin oblong semble plus beau que les autres. Pour atteindre le jardin, il faut descendre au moins trois marches d'un bâtiment. Le parterre doit être vu en premier, le plus proche du bâtiment et maintenu petit par rapport au reste.

Les bois et bosquets donnent du relief à un jardin. Les lieux élevés ajoutent de la grâce, permettent le marquage et le cloisonnement des espaces. Il faut situer un bois près d'un parterre, mais jamais une pelouse près d'un bassin. Eviter vide sur vide; plutôt placer un solide contre un vide et un plat contre un relief. Le topiaire géométrique ajoute de l'intérêt.

L'ouverture du jardin des Tuileries à l'usage public fut une source de beaucoup de discussions. Chargé d'affaires pour les bâtiments royaux au 17ème siècle, Jean-Baptiste Colbert redoutait des dommages. Selon l'argument du poète Charles Perrault »ce serait un malheur public de ne pas être en mesure de venir ici pour se promener«, Colbert répondit : »Ce sont seulement des badauds qui viennent ici« Ce à quoi Perrault répondit: »Les gens viennent ici pour prendre l'air; ils viennent ici pour parler d'affaires, de mariages, et de tout ce qui est traité de façon plus appropriée dans un jardin. ... « Alors, le jardin fut ouvert au public.

Jardin des Tuileries, le 1er arrondissement

Même si »ouvrages de tuiles« ne suggère pas la même élégance, au 12ème siècle le terme aurait été descriptif du quartier Tuileries. Ensuite, le point de vue le long de la Seine maintenant honoré par les vastes jardins du Louvre aurait été tout à fait différent. »Tuileries« signifie »tuile«, et »Tuileries« les usines poussiéreuses et bruyantes où les tuiles étaient fabriquées.
Les fabricants de tuiles s'étaient accaparé une zone précédemment occupée par des vignobles, des pâturages et des champs, avec quelques abris de vie éparpillés. Catherine de Médicis est à l'origine du premier château – le vieux Louvre – et de ses somptueux jardins à peu près en 1564. Cependant, le plus gros contributeur à l'aspect extérieur est l'architecte paysagiste du 17ième siècle, André Le Nôtre.

Sur l'»axe historique«, l'une des allées les plus fréquentées du monde, le Louvre est relié aux Champs-Elysées par la Place de la Concorde. A Paris, les jardins des Tuileries restent le seul exemple de l'œuvre de Le Nôtre qui se rapproche le plus de son design original.

Un certain nombre d'autres jardins présentés dans ce livre ont été choisis en raison de leur importance historique, l'importance aujourd'hui, la valeur intrinsèque, la singularité, l'estime des Parisiens et la facilité d'accès. André Le Nôtre développa quelques 50 plans d'aménagement paysagers au cours de cette même période, bon nombre situés près de Fontainebleau. La formalité imaginée par André Le Nôtre dans ses plans pour les jardins des Tuileries peut être vue dans la façon dont les arbres sont coupés, l'angularité des espaces qu'il définit, les sculptures d'inspirations grecque et romaine, et les touches dorées dans les grilles.

A titre d'exemple, un marbre de Périclès le représente couronnant les artistes. Cet athénien du 5ème siècle avant notre ère était connu pour favoriser la littérature et les arts, ainsi que la démocratie. Bien placée dans le jardin en 1835, un siècle après l'époque de Le Nôtre, la statue suit le thème néo-classique. Derrière Périclès se dresse un mûrier blanc. Dans l'antiquité les mûriers poussaient près des temples avec un double objectif. Les baies nourrissaient les fidèles et les vers qui produisaient des soies bien prisées. Des statues de nature plus contemporaine traduisent la tradition classique de la combinaison de la sculpture et du jardin. Tout le long de la grande promenade, des statues imposantes sur socles préparent la voie à des monuments qui suivent. A l'écart du tronc principal, quelques zones plus petites créent des zones intimes, associant l'art, le jardin et la possibilité de restauration.

Château de Courances, Essonne

L'origine du parc exquis de Courances suscita un considérable sujet de discussion. Le plan administratif de Courances remonte au moins à une enquête de 1627; André Le Nôtre est né en 1613. Bien que le calendrier lui ne permette pas la paternité du parc, les enregistrements de l'époque montrent que son père Jean, chef jardinier des Tuileries, fut été impliqué dès le début. Vraisemblablement, André participa aussi à la première phase d'expansion.

L'acquisition de petits manoirs et autres terres permirent de relier efficacement le château au village. Dans cet aspect de la promotion immobilière, André Le Nôtre joua un rôle important sans aucun doute. La grandeur de ce parc reflète le génie spécial qui fit la renomée des Le Nôtre.

Château de Fontainebleau, Seine-et-Marne

Au milieu du 12ème siècle, Fontainebleau servait de pavillon de chasse et de chapelle pour Louis VII. Au 13ème siècle, le grand patron des arts Louis IX, ou »Saint Louis« qui chérissait le domaine y ajouta une maison de campagne et un hôpital. Bien que la conception de ce domaine ait été modifiée à plusieurs reprises tout au long de son histoire, l'un des plus anciens artefacts reste dans le jardin. Datant de 1603, la statue de la déesse romaine Diane chasseresse orne une fontaine, entourée de ses quatre chiens de bronze. Fonctionnellement, l'étang de la carpe ramène à concept médiéval de consacrer une partie du jardin pour élever des poisons destinés à la consommation ménagère.

Déjà en 1543 Fontainebleau était connu pour sa grotte des pins, le premier édifice de la sorte connu en France. En 1601 des mûriers blancs furent plantés et des bâtiments construits à Fontainebleau et aux Tuileries pour l'élevage de vers à soie. Dans la première moitié du 17ème siècle la route Pavée du Roy conduisait de Paris à Fontainebleau, ce qui facilitait le transport entre ces deux endroits privilégiés.

De 1645 à 1646 André Le Nôtre travailla sur les plans et l'exécution des jardins de Fontainebleau. Bien que modifié considérablement par rapport au schéma d'origine, le style peut encore être deviné. L'axe et de profondes vues montrent encore le style et la gamme de ce payagiste extraordinaire.

Des entreprises liées au jardins y ont fleuri, y compris un service de pièges à taupes qui se vantait d'en avoir capturé 2723 à Fontainebleau, Versailles et Saint-Germain. Fontainebleau, connue à l'origine comme »fontaine belle eau« en 1169, se trouve environ 50 kilomètres au sud de Paris.

Château de Saint-Germain-en-Laye, Yvelines

Perché sur un plateau avec une vue imprenable sur la vallée de la rivière qui l'entoure, Saint-Germain-en-Laye attira les coteries pour établir leurs résidences dans cet emplacement calme et idéal à l'ouest de Paris. André Le Nôtre profita des vues imprenables avec sa conception d'une terrasse d'un mile-et-demi; ses plans ont englobé également le parc et la forêt. Cinq millions et demi d'arbres ont été plantés sur le domaine en 1665.

Les vignobles surplombant la rive évoquent ceux qui y poussaient au 8ème siècle. En 2000, l'école agricole et horticole a relancé la tradition en plantant 1900 vignes de pinot noir selon le schéma original d'André Le Nôtre. L'aqueduc élaboré dans les grottes du château servit de précurseur aux projets massifs entrepris à Versailles par la même famille d'ingénieurs italiens.

Les manifestations culturelles organisées ici attiraient poètes et écrivains dont le maître de théâtre comique Jean-Baptiste Poquelin, dit Molière (1622 à 1673). Dans l'hôtel du 19ème siècle qui a ouvert dans le Pavillon Henri IV, des écrivains, des artistes et des politiciens se réunissaient régulièrement. Alexandre Dumas y séjourna et composa deux romans. Dans la ville elle-même, la maison du compositeur de musique célèbre Claude Debussy est à présent ouverte au public.

Les collections contenues dans le musée national des antiquités du château exposent des preuves d'habitation qui remontent à l'âge de pierre paléolithique il y a quelques millions d'années. Des artefacts provenant de divers autres âges comme La Tène, gallo-romaine et mérovingienne y sont également exposés.

Château de Vaux le Vicomte, Seine et Marne

Des bassins, des canaux, des grottes, des grands canaux, des douves affichent la splendeur de ce qui est sans doute le chef-d'œuvre d'André Le Nôtre. Encore plus spectaculaire que la beauté visuelle, c'est l'ascension et la disparition de celui qui a commandé l'œuvre, Nicolas Fouquet. Considéré comme jeune génie, Fouquet obtint un poste au parlement à 20 ans, d'abord procureur général, puis directeur des finances.

En créant un hôtel particulier digne de son statut élevé, Fouquet réunissa les chefs de file du moment: l'architecte Louis Le Vau, l'artiste Charles Le Brun, le paysagiste André Le Nôtre. Trois villages furent démolis pour laisser place à ces grands projets. Douze cents fontaines et cascades furent installées.

Charles Le Brun mit en place un atelier de tapisserie à proximité pour répondre aux spécifications du manoir. Plus tard, l'atelier déménagea à Paris, devint la manufacture des Gobelins royale, chargée de la production de meubles somptueux. A la fois chef des arts industriels de Gobelins, et chef de l'art mondial à cause de sa position à l'Académie, Le Brun a laissé une empreinte indélébile sur tout l'art de la période.

Un jour fatidique de 1661 vit l'arrrêt brutal de la prodigalité de Fouquet. Lors d'un spectacle dans lequel Molière jouait une nouvelle pièce devant une luxuriante toile de fond de verdure, Fouquet suscita la colère de Louis XIV pour l'avoir surpasser. Moins de trois semaines plus tard, Fouquet était arrêté pour avoir confondu ses propres finances avec celles du roi.

Louis Le Vau, Charles Le Brun, André Le Nôtre rencontrèrent un changement rapide de tâche. Ils furent chargés de la création d'un palais et de ses jardins à Versailles. Fouquet resta emprisonné à vie, abandonné par son ancien entourage. Deux inconditionnels seuls restèrent à ses côtés: le fabliste La Fontaine et l'épistolier par excellence Marie de Rabutin-Chantal plus connue sous le nom de Mme de Sévigné.

La grandeur du travail qui rendit André Le Nôtre fameux est restée intacte à Vaux le Vicomte. La vue dégagée sur un axe baroque s'étire à l'infini. Bien que privé maintenant, Vaux le Vicomte est ouvert au public, car classé comme monument historique.

Château de Versailles, Yvelines

A partir de 1661 André Le Nôtre travailla à l'agrandissement les terrains de chasse et de résidence pour Louis XIV, de même qu'à la conception de la ville de Versailles, qui conserve aujourd'hui dans une large mesure son plan d'origine. Malgré de nombreuses modifications au fil des ans, les jardins détiennent encore intacts certains aspects de la planification du 17ème siècle faite par Le Nôtre. Avant l'organisation des jardins, il y eut les énormes projets d'arrosage qui ne sont pas sans rappeler ceux d'anciennes entreprises romaines.

Les travaux de Versailles utilisèrent des tuyaux en fer préassemblés et des systèmes d'eau recyclée. Un système de double circuit séparait l'eau potable de l'eau des installations hydrauliques alimentant 1400 jets d'eau. Les techniques de conception, l'organisation des jardins de Versailles ont été appliquées selon la planification urbaine suivante: axe central, intersections étoiles pointes, respect de la perspective.

Château de Sceaux, Hauts-de-Seine

La première mention écrite de Sceaux date du 12ème siècle, quand un groupe dissident se détacha de Châtenay précédemment établie pour créer sa propre municipalité. Au 17ème siècle le contrôleur général de Louis XIV, Jean-Baptiste Colbert, hérita de la propriété maintenant occupée par le château et agrandit le domaine. En compensation pour les terres qu'il avait prises, Colbert construisit les deux premières fontaines publiques pour le village; jusqu'alors il n' y avait que des puits et des citernes.

Colbert, au début, avait protesté contre les dépenses somptuaires de Fouquet à Vaux puis même contre celles de son propre roi à Versailles. Sceaux, cependant, s'avéra être parfaitement situé en proximité de Paris et sur le chemin de Fontainebleau, résidence du roi à Versailles. Très vite il se construisit une magnifique propriété sur son vaste domaine. Comme à Fontainebleau, à Sceaux l'inclinaison inhabituelle de la propriété se prêta à la création de cascades élaborées et le projet important de la canalisation fut entrepris. André Le Nôtre plaça le château au croisement des deux axes de la conception du paysage, donnant une vue imprenable sur toute la longueur des canaux jusqu'à l'horizon. Adhérant à la maxime du philosophe anglais du 17ème siècle, Bacon Frances, Le Nôtre obéit à la nature afin de la commander.

En 1846, l'arrivée du chemin de fer relia Sceaux à Paris, augmenta considérablement sa popularité. Sceaux est encore bien desservi par les réseaux de transport. Le RER de Paris se divise juste au nord; une branche s'arrête au Parc du Sceaux et l'autre près de la rue commerçante piétonne principale.

Château de Saint-Cloud, Hauts-de-Seine

Réserve naturelle jusqu'en 1923, son parc et ses jardins donnant sur la Seine sont considérés parmi les plus beaux d'Europe et parmi les plus beaux des dessins de Le Nôtre. Associé à un palais ancient détruit à la fin du 19ème siècle, ce palais avait été occupé par des banquiers florentins associés à la famille des Médicis au 16ème siècle. A l'origine, le jardin avait été conçu dans un style italianisant avec une série de terrasses paysagées jusqu'au bas de la colline et de fontaines à chaque niveau.

André Le Nôtre créa la Grande Cascade, pièce maîtresse du plan actuel, ainsi que les jardins à la française. La roseraie datant de Marie-Antoinette continue d'être utilisée à des fins d'Etat. Un point de vue connu comme »La Laterne« provient de l'époque où une lanterne allumée sur ce site signalait la présence de Napoléon Ier.

Château de Meudon, Hauts-de-Seine

La vue à partir des terrasses conçues par André Le Nôtre témoigne de son habileté avec les terrasses. Des allées fraîches et ombragées suivent la longeur de la vallée avec leurs murs, les paysages de la Seine et la Tour Eiffel prêtent des vues enchanteresses. Le style de l'époque peut être vu encore dans la façade de l'Orangerie et de l'Observatoire, bordés d'arbres et de forêts spectaculaires.

Château de Chantilly, Oise

Au château de Chantilly se trouve l'une des plus belles galeries d'art en France. La famille Montmorency posséda des biens immobiliers principalement depuis le 16ème siècle. La propriété fut transférée à l'Institut de France en 1897 lors du décès de l'ancien propriétaire Henri d'Orléans, duc d'Aumale.

Mieux connu pour ses grandes écuries et pour son Hippodrome, Chantilly contient une salle de spectacle grandiose conservée dans le style de l'époque. La pièce de Molière *Les Précieuses ridicules* naquit ici en 1659. Selon le chroniqueur de l'époque, Madame de Sévigné, célèbre pour ses lettres révélant un aperçu de la vie de la cour, le maître d'hôtel du Grand Condé joua sa propre vie s'il ne servait pas le plat de poisson au bon moment.

Des squares royaux parisiens

Deux bâtiments du 17ème siècle en particulier confèrent élégance aux environs qui les entourent. Des arcades gracieuses courent sur toute la longueur des bâtiments renfermant les places. Comme des boîtes à bijoux avec leurs tableaux floraux lumineux, ces deux endroits semblent isolés malgré leur situation en plein centre de la ville. Saisi par des passages dans des rues animées, le visiteur trouve un calme immédiat. En termes de différence de rythme, ces espaces semblent être des microcosmes de la vie à la campagne au plus profond de la ville, tout en conservant une sophistication urbaine superbe.

Palais Royal, 1er arrondissement

Malgré les affaires qui peuvent ou ne peuvent pas être arrivées ici dans les quatre derniers siècles, le Palais Royal conserve son allure royale. Il est établi que ses jardins sont parmi les meilleurs endroits de réunion à Paris. Ses statues, fontaines, allées ombragées profondes en font des points de repères faciles; son périmètre d'arcades offre promenades, rafraîchissements et shopping.

Le cardinal de Richelieu commanda le palais original dans la première partie du 17ème siècle qui pour un temps fut connu comme »Palais Cardinal«. Comme ministre en chef de Louis XIII, le cardinal de Richelieu est réputé pour avoir cru que la fin justifie les moyens. Il est connu pour avoir dit qu'il pourrait prendre six paroles de la personne la plus honnête pour la pendre. Dans certains milieux cet homme reste révéré comme le plus grand homme politique de la France.

Plus tard au 17ème siècle certains membres de la famille régnante de la maison d'Orléans occupèrent les locaux, l'utilisation du bâtiment étant comme quartier principal ou accessoire.

Au 18ème siècle, le duc d'Orléans Louis Philippe Joseph d'Orléans, ou Philippe Egalité, offrit le Palais Royal comme refuge aux Jacobins qui plaidaidaient pour la philosophie égalitaire de Jean-Jacques Rousseau et de Montesquieu dans la Révolution française. Anglophile, Philippe fit de nombreux voyages en Grande-Bretagne dans les années 1700 et embrassa les idées des Lumières. Il ouvrit les jardins du Palais Royal au grand public pour la première fois, et permit également de localiser des magasins dans les arcades.

Depuis 1799, la Comédie Française est située au Palais-Royal. D'autres occupants comprennent le Conseil constitutionnel, le ministère de la Culture, dont les bureaux sont logés dans les ailes du bâtiment ajouté au début du 19ème siècle. Victor Louis, l'architecte des façades originales, avait également conçu le Grand Théâtre de Bordeaux.

Square Louis XIII, place des Vosges, 3e arrondissement

186 tilleuls ornent ce square depuis 1976, bien que d'autres racines remontent beaucoup plus loin dans l'histoire. L'apparence de la place dans les années 1600 sous Henri IV attira des superlatifs comme l'une des fleurs les plus douces de l'architecture classique, honorée avec ses 37 pavillons. Depuis 1840, quatre belles fontaines symétriquement placées définissent l'espace au sein de la plus ancienne communauté planifiée de Paris.

Deux autres occupants des résidences royales qui entourent le square sont vénérés dans la littérature française: Victor Hugo, Madame de Sévigné. La maison du 19ème siècle de l'auteur des Misérables est commémorée par une muse.

L'héritage de Napoléon III

Un tournant de la transformation du destin

L'Histoire parisienne du 19ème siècle tisse un récit de métamorphoses héracléenne contre toute attente – déplorable devint magnifique, épouvantable devint sensationnelle. Sans ce virage audacieux du destin dans le milieu des années 1800, la ville aurait pu facilement servir de décor gargantuesque pour un film d'horreur. Ses terrains forestiers avaient été arrachés et brûlés par des guerres interminables, son terrain gâché par des cavernes remplis de cadavres.

Si le rideau du temps pouvait être tiré vers l'arrière pour montrer la scène à Paris au début des années 1800, elle choquerait tous les sens. Le manque d'assainissement aurait joué un rôle énorme dans l'assaut olfactif, ainsi que dans le visuel. Aussi odieux que cela puisse avoir été, c'était loin d'être le pire.

À ce stade, il est important de rappeler que la région parisienne avait été habitée depuis des millénaires, et que les restes de nombreux habitants avait été dûment inhumés. Au cours des années, le nombre d'habitants augmenta par millions. La décision fut prise de déplacer tous les restes humains hors de la ville.

Encore une d'information doit être mentionnée ici. La zone située juste au sud de la ville, telle qu'elle existait alors, fournissait la pierre pour des projets de construction massive. Les énormes projets de carrières laissèrent d'immenses fosses, tunnels et canaux souterrains. C'étaient dans ces vastes étendues désertiques que la séculaire accumulation des détritus de l'humanité étaient effectuée par transport dans l'obscurité de la nuit.

Bois de Boulogne, 16ème arrondissement

Napoléon III demanda à Haussmann d'embellir Paris en apportant le meilleur du reste du monde dans la ville pour que les Parisiens puissent en profiter à leur convenance. La répartition des espaces ouverts était et est encore, avec des parcs de différentes tailles, facilement accessible dans toutes les régions. Cette section se penche sur les quatre parcs d'ancrage, nord, sud, est et ouest, et un échantillonnage des autres.

Le Bois de Boulogne et le Bois de Vincennes existaient déjà comme terrain de chasse associés aux résidences royales, mais chacun avait souffert de guerres passées et d'utilisation abusive. Le Parc des Buttes-Chaumont et le Parc Montsouris, remplaçant ce qui avait été probablement les dépotoirs pour les déchets les plus méprisables de toutes sortes imaginables, appelèrent à une ingénierie et à la modification du terrain. Selon certains récits du début du triomphe d'une telle transformation au Parc Montsouris, l'eau a subitement disparu du lac, à la consternation fatale de l'officiel en charge.

De l'autre côté d'un pont planté de végétation, à l'ouest de Paris, s'étend le généreux Bois de Boulogne. Un principal vestige de son ancienne taille, l'ancien Bois de Rouvray des jours anciens de Lutèce, était réparti tout au long du chemin jusqu'à Compiègne. Référencé pour la première fois dans la Charte de Compiègne en 717, le nom dérive du Rouvray, ou chêne rouge, Quercus robur, l'arbre caractéristique de la forêt. Pour les rois de France les forêts a longtemps servi comme pièce de leur richesse et de motif pour recevoir les chefs d'Etat.

Des guerres ont fait des ravages sur les bois Rouvray. D'immenses quantités de bois ont été enlevées pour construire des navires et des châteaux. La forêt a été coupée en plusieurs morceaux par des événements divers. Napoléon Bonaparte prit des mesures pour reboiser, mais avec le retour de

7. Portrait of Napoléon III. D'Anne Dion-Tennenbaum, *Les appartements de Napoléon III*. Musée de Louvre Editions, Paris, 2006, frontispice.

la guerre en 1814 et 1815, les arbres souffrirent une fois de plus. En 1848, les forêts sont devenues la propriété de l'Etat et en 1852 la propriété de la ville de Paris. Napoléon III prit un intérêt personnel dans le développement du Bois de Boulogne, ordonnant qu'il soit calqué sur les parcs anglais.

Le ruisseau au Bois de Boulogne existe probablement grâce à la visite que fit Napoléon III à Londres. Inspiré par Hyde Park et le ruisseau qui le traverse, l'Empereur ordonna de pourvoir quelque chose de similaire à Paris en 1852. Alors bientôt beaucoup d'eau serpenta à travers les cascades - et grottes façonnées de roches rapportées de Fontainebleau, la résidence royale au sud de Paris.

Les plantations dans le Pré-Catelan et le Jardin Shakespeare au Bois de Boulogne furent choisies parce qu'elles étaient mentionnées dans cinq des poèmes de Shakespeare. Le théâtre de 400 places en plein-air propose deux représentations classiques et modernes dans la saison.

420.000 arbres ont été plantés par l'administration de Napoléon II; 66 kilomètres de conduites souterraines pour l'eau ont été creusés; 24 pavillons ont été construits. Nombreux kiosques, embarcadères, grottes et balustrades ont été introduits comme embellissements. La Butte Montmartre a été formée par les déchets de la fouille lors de la creation des deux lacs.

Des chemins serpentent tout le long de 35 kilomètres du parc; seulement la Reine Marguerite et les allées Longchamp ont été traces en ligne droite. Des sentiers dédiés au vélo et au sport ajoutent encore 37 kilomètres.

Bagatelle, »babiole«, ou »bijou« est le château réputé avoir été construit en 67 jours sur un pari avec reine Marie-Antoinette. Le frère de Louis XIV, comte d'Artois, gagna le pari en 1777, après avoir employé une légion de travailleurs à grands frais. Même avant sa rénovation complète dans les mains du comte, il avait été un lieu de rassemblement favori depuis longtemps pour des fêtes somptueuses et des expéditions de chasse. Aujourd'hui, Bagatelle renferme une des plus belles roseraies de Paris.

Le Chalet des Iles, créé en 1854 sur la plus grande des deux îles de la forêt, affirme son origine comme un authentique chalet suisse. Tous les composants pour construire le chalet furent transportés de Suisse vers l'île. Le café-restaurant, qui se double d'un théâtre avec salon et salle de concert, a vu le jour à la fin du 19ème siècle.

Le Jardin d'Acclimatation, inauguré par Napoléon III en 1860, propose des expositions et des activités pour les jeunes, y compris un spectacle de marionnettes et des musées de flore et de faune.

Le Kiosque de l'Empereur reste au Bois de Boulogne comme l'hommage à Napoléon III qui fut le principal responsable de ce à quoi le Bois de Boulogne ressemble aujourd'hui.

Bois de Vincennes, 12ème arrondissement

La première mention de la forêt de Vilcena figurait dans le document de 847 CE. Au 12ème siècle, Philippe Auguste brûla une partie des bois épais pour faciliter la chasse. La légende veut qu'au 13ème siècle Saint Louis rendait la justice sous un chêne dans le bois de Vincennes. Au 18ème siècle sous Louis XV, Vincennes fut ouvert au public même s'il reste encore aujourd'hui en partie reservé à la chasse.

Sous Napoléon III, Haussmann créa trois lacs, mit en place le parc de style anglais et transforma les routes droites en courbes. Pour équilibrer l'est et de l'ouest de Paris, Napoléon III voulait que les commodités dans le Bois de Vincennes soient similaires aux autres. Pour cette raison les caractéristiques de Vincennes ont été modélisées d'après celles du Bois de Boulogne. Cependant, les coûts et les difficultés liées à la formation du Bois de Vincennes furent beaucoup plus élevés. L'utilisation antérieure des terres comme site industriel et le manque de disponibilité de l'eau au Parc de Vincennes créèrent de plus grands défis avec des solutions plus coûteuses.

Aujourd'hui, le parc contient 100 kilomètres de sentiers de randonnée, 23 kilomètres de pistes cyclables, 19 kilomètres de sentiers équestres. Quatre lacs, un arboretum, une ferme, un hippodrome, un vélodrome, un jardin tropical et un Parc Floral ajoutent à l'attrait du parc.

Parc des Buttes-Chaumont, 10ème arrondissement

La carrière ici remonte à l'époque romaine, et la Montaucon menait ses exécutions publiques à la potence ici dans le Moyen Age. Des brigands et voleurs se cachaient dans les anciens terrains de carrières abandonnées, et une bataille contre les cosaques de l'armée russe eut lieu à cet endroit en 1814. En 1867 sous Napoléon III avec la conception du baron Haussmann, les 60 acres furent ouverts comme un parc public, avec un temple à la déesse romaine Sybil couronnant la falaise, et des grottes, des chutes d'eau, un lac et des rochers cachant les cicatrices anciennes. Ajoutant encore à sa tradition, le son du nom français pourrait suggérer une élégance qui manque dans la traduction anglaise de la colline chauve.

Parc Montsouris, 14ème arrondissement

Le site de Montsouris fut choisi pour équiper le sud de la ville. Les deux forêts de Vincennes et de Boulogne se trouvent à l'est et à l'ouest, avec les Buttes-Chaumont, au nord. Le parc reflète la compétence de l'équipe Haussmann à intégrer le croisement de deux lignes de train dans la conception, une pratique qui continue d'être bien utilisée par les concepteurs du parc contemporains pour couvrir les autoroutes ainsi que les voies ferrées.

Eaux vertes et sereines ici cachent des secrets historiques profonds. L'usage comme carrière de pierre se transforma plus tard au 18ème siècle en usage comme catacombes. Il est connu que l'ossuaire reçut cinq ou six millions de contributions des anciens cimetières, dont les livraisons avaient été transportées par chariots pendant la nuit dans les rues de Paris.

On notera en particulier que parmi les 1400 arbres dans le parc, sont centenaires les arbres suivants: un peuplier de Virginie, un cèdre du Liban, un séquoia des États-Unis, deux ormes de Sibérie, et un ginkgo biloba. Quelques 40 espèces de canards, des oies, des cygnes et des oiseaux migrateurs se rendent régulièrement dans le lac.

Parc Monceau, 8ème arrondissement

Des édifices prévus pour l'amusement du Duc de Chartres au 18ème siècle continuent de séduire les visiteurs. A l'origine ménagerie de styles, le parc comportait un moulin à vent, une pyramide égyptienne, un pont chinois, un obélisque, un temple dédié à Mars, un minaret, une grotte enchantée, un vignoble et un château italien en ruines.

Conçue à l'anglaise, la disposition du parc tend à être moins formelle que le jardin à la française, avec ses chemins courbes et l'emplacement temporaire de ses folies. La pièce de résistance reste les colonnades courbes et corinthiennes »La Naumachie« par l'architecte Louis-Marie Colignon.

Une fois que ce site fut devenu propriété de l'Etat, l'architecte du baron Haussmann, Gabriel Davidou, conçut quatre grandes portes en fer doré et plusieurs sculptures pour honorer les sommités telles que Guy de Maupassant, Frédéric Chopin, et Alfred de Musset. Bien que petite partie de la propriété initiale du Duc, les jardins ont été embellis par une végétation exotique d'Angleterre, d'Autriche, du Mexique et offrent une manne de couleurs et de variétés.

Dans les années 1800 Claude Monet utilisa le parc comme l'objet de cinq de ses peintures impressionnistes.

Parc du Ranelagh, une source d'inspiration anglaise, 16ème arrondissement

Initialement nommés d'après un seigneur irlandais, les célèbres jardins du Ranelagh d'Angleterre ont ouvert au public en 1742. Avec sa rotonde rococo en plein air et des foyers à la belle étoile, le parc est rapidement devenu un haut lieu de la musique à la mode. »Le Petit Ranelagh« était consacré à la danse en plein air à Paris en 1774 selon le modèle anglais. Plus d'un siècle plus tard, en 1860, le Parc du Ranelagh conçu par le baron Haussmann prit sa place entre le palais de La Muette et le village de Passy.

Bordé de châtaigniers centenaires, le parc attire aujourd'hui les enfants en tant que spectateurs, mais que participants aux activités comme les marionnettes et les promenades à dos d'âne.

Grands jardins

Bien que situés dans trois parties différentes de la ville et très différents dans la forme, la taille et la topographie, le Jardin des Champs Elysées, le Jardin du Luxembourg, et les Jardins du Trocadéro partagent des charmes communs de style romantique, à la fois dans la construction et dans la conception de jardin.

Le long, étroit Jardin des Champs Elysées suit l'axe du Jardin des Tuileries jusqu'à la rue nommée d'après le mythique grec, section normalement très fréquentée. Sur les deux côtés à quelques pas de la grande avenue, des jardins cachés se centrent sur des fontaines, avec leurs sentiers parsemés de bancs et parterres de fleurs ressemblant à des mosaïques.

Le Jardin du Luxembourg, le parc de la ville par excellence, possède un champ de vision du palais jusqu'à la fontaine des Quatre-Parties-du-Monde. Certains aspects du parc le lient visuellement avec son passé Renaissance italienne par Marie de Médicis.

Les Jardins du Trocadéro, bien antérieurs à la Tour Eiffel, semblent avoir été conçus spécifiquement pour le point de vue. Le palais de Chaillot embellit le sommet de la colline. Des ruisseaux, des arbres et des statues ornent les flancs de la colline tandis que la longue fontaine centrale arborée donne une avenue visuelle jusqu'à la Tour.

Jardin des Champs-Elysées, 8ème arrondissement

André Le Nôtre créa le Grand Cours, comme on l'appelait au début du 17ème siècle, comme une extension des Tuileries. La propriété fut officiellement transférée de la couronne au domaine public en 1792. Sous le Second Empire au 19ème siècle, divers théâtres, cafés et restaurants furent ajoutés.

En 1858, les jardins, le long des Champs-Elysées ont pris un regard plus distinctement anglais sous la main de l'ingénieur Alphand, directeur des travaux publics. En ajoutant de grands arbres, les paysages verts et plats devinrent majestueux. Buissons et corbeilles de fleurs rares prirent leurs positions au premier plan.

Sous le Second Empire sous Napoléon III, le baron Haussmann employa forestiers, arboriculteurs et jardiniers pour entretenir les paysages nouvellement plantés qu'il avait créés. En 1868, plus de 100.000 arbres et plus de 8000 bancs ont fait leur apparition le long des quais et des boulevards de la ville. L'arrivée des arbres et des bancs fut suivie rapidement d'une nouvelle découverte – l'amour parisien de la promenade.

Flâner sur les boulevards devint de rigueur. Soudain, les trottoirs offrirent un tout nouveau raffinement. Peu importe le temps, il y avait maintenant une façon de marcher sans l'inconvénient des éclaboussures de boue et en esquivant les véhicules.

Le nom des Champs-Elysées, ou des champs élyséens, vient de la mythologie grecque, et désigne le lieu du dernier repos de l'âme de l'héroïque et vertueux Elysium. La notion de la santé au 19ème siècle préconise plusieurs heures par jour dans les parcs pour l'exercice mais aussi pour respirer un air propre et pur. Les chemins le long des boulevards plantés, les lacs et les jardins ont conduit naturellement à la promotion du sport.

Jardin du Luxembourg, 6ème arrondissement

Demeure pour les Romains, les moines, Marie de Médicis et le Duc de Luxembourg au cours des utilisations précédentes, les terres du Luxembourg ont ouvert au public au milieu du 17ème siècle. Aujourd'hui les jardins portent encore l'empreinte des Médicis. Marie avait choisi et agrandi le site après avoir été fatiguée de l'emplacement du Louvre, son ancien domaine. Particulièrement le jardin Médicis reflète la saveur toscane qu'elle a apporté à l'édifice et sa province. Si autrefois le Luxembourg représentait la Renaissance italienne en France, il est maintenant devenu le centre de la vie parisienne. Aujourd'hui les chambres du Sénat dans son palais ont été impeccablement restaurées et reçoient encore des dignitaires. En dehors une myriade d'activités se déroulent :l'apprentissage de l'horticulture, de la botanique, la bio-agriculture, et de l'architecture du paysage, ainsi que profusion de promenades, de cafés, de concerts, de spectacles de marionnettes, et d'autres attractions pour la fascination des enfants.

Plus de 600 sortes de pommes et de poires poussent dans les vergers du Luxembourg, ainsi que des pêches de Montreuil, très prisées pendant des siècles. Une ruche pour des abeilles fut créée en 1856, puis reconstruite en 1991.

Un modèle pour la statue de la Liberté de New York fut présentée au jardin du Luxembourg par le sculpteur Frédéric-Auguste Bartholdi en 1900 et fut installée dans un coin près de la rue Guynemer.

Jardins du Trocadéro, 16ème arrondissement

S'étendant sur une large pente avec une vue imprenable sur la Tour Eiffel, les jardins du Trocadéro témoignent d'un riche passé. L'histoire de Chaillot, ou »colline rocheuse« suit tout le chemin du retour à l'époque gallo-romaine lorsque l'ancien village de Nigeon était enveloppé par la vaste forêt de Rouvray. Plus tard au Moyen Age, le manoir antique dans Nigeon appartint aux Ducs de Bretagne, et plus tard encore à Catherine de Médicis qui ajouta de somptueux jardins et des terrasses. Les jardins furent conçus pour être dans le style anglais à la fin des années 1800, avec de grands arbres, rivelets, des grottes et des embellissements rustiques.

Napoléon agrémenta ce site d'un palier impérial en hommage aux Césars romains. Le nom dérive de Louis XVIII de 1823 en hommage à la conquête du Trocadéro à l'Espagne par le duc d'Angoulême.

Le palais, inauguré pour l'Exposition mondiale de 1937, abrite aujourd'hui des musées superbes.

Squares élégants

»Saisissez toutes les occasions de placer le plus grand nombre de places possibles dans tous les arrondissements de Paris, de sorte que la ville peut offrir gracieusement comme à Londres, les lieux de détente et de loisirs pour toutes les familles et tous les enfants, à la fois riches et pauvres.« Admonition donnée par Napoléon III, par le baron Haussmann

Square des Batignolles, 17ème arrondissement

Complet avec des grottes, cascades, ruisseaux, lacs miniatures et arbres fragrants, ce square suit le style anglais associé au nom de l'architecte paysagiste Capability Brown de Grande-Bretagne, avec son équilibre asymétrique ou sa distribution aléatoire promouvant le naturel sur l'artificiel. Les artifices tels les pavillons, les serres en forme de dôme, les cascades et les constructions de ponts en béton rustiques présentent l'aspect naturel des parcs. Les pelouses et les voies sont ombragées par une variété d'arbres, dont un séquoia géant, le hêtre pourpre et le kaki japonais. Comme pour les autres parcs ajoutés à Paris sous l'empereur Napoléon III, le directeur des Travaux publics Jean-Charles Adolphe Alphand a conçu le parc en collaboration avec l'ingénieur Jean Darcel, l'architecte Gabriel Davidoud et l'horticulteur Jean-Pierre Barillet-Deschamps.

Jusqu'en 1860, Batignolles était un village indépendant en dehors de Paris lorsque l'empereur Napoléon III l'annexa à la ville. Au 19ème siècle, le célèbre peintre résident Edouard Manet (1832–1883) conduisit le »groupe des Batignolles« qui dépeint des scènes vivantes au café.

Ce square est situé à quelques pas du nouveau Parc Clichy-Batignolles Martin Luther King. En termes de style, des siècles séparent ces deux parcs ces deux parcs.

Square du Temple, 3ème arrondissement

En 1137, les Templiers établirent résidence à Paris dans une maison dans le marais à l'extérieur des murs de la ville où le Square du Temple se trouve maintenant. Depuis lors et jusqu'en 1307, ils s'agrandirent dans une zone réputée d'environ six acres, et connue comme »Villeneuve du Temple«. Le vendredi 13 Octobre de cette année, les Templiers furent arrêtés apparemment sur l'ordre du roi Philippe le Bel, ou Philippe IV, qui mena une inquisition. À ce moment-là on brûla sur le bûcher des Templiers, le chef Jacques de Molay. Dans les décennies qui ont suivi, les biens et les avoirs des Templiers furent confisqués ou détruits.

Beaucoup de noms dans ce district rendent hommage aux Templiers. Le Square du Temple fut développé en 1857 avec d'autres larges expansions du parc sous Napoléon III. Des rochers furent amenés de la forêt de Fontainebleau pour construire la cascade qui orne le coin du parc le plus proche de l'hôtel de ville dans le 3ème arrondissement. Gabriel Davidoud conçut la grille de fer qui entoure la place.

Place Louis XVI, 8ème arrondissement

Acquis par la ville de Paris en 1865, un an après le boulevard Haussmann tracé au milieu du site original, ce parc est situé sur une section de l'ancien cimetière qui appartenait à l'église de la Madeleine. Les jardins potagers de l'ancien évêché furent utilisés pour délimiter la propriété au nord. Louis XVIII s'arrangea pour qu'un monument soit construit ici pour honorer son frère et sa belle-sœur, Louis XVI et Marie-Antoinette, bien que leurs restes aient été transportés à Saint-Denis pour ré-enterrement en 1815.

Place Louvois, 2ème arrondissement

Désigné en 1839 comme place Richelieu, le square Louvois fut inauguré en 1859. En 1944, l'architecte Louis Visconti créa la pièce maîtresse de la place, une fontaine imposante avec des figures féminines représentant la Seine, la Loire, la Garonne et la Saône. L'hôtel appartenait au marquis de Louvois précédemment, d'où le nom. Au 17ème siècle, le père et le fils Louvois furent crédités d'avoir conçu des mesures augmentant la force militaire française mais ternissant sa réputation humanitaire en Europe.

Le carré est situé en face de la Bibliothèque Nationale, bien que la plupart de la collection de la bibliothèque ait été déplacée dans un nouveau complexe dans le 6ème arrondissement en 1996, dans le Parc de Bercy le long de la Seine. La Bibliothèque nationale de France fut fondée à l'origine en 1368 au Louvre et élargie et ouverte au public en 1692. La salle de lecture sur le site Richelieu comporte un plafond en forme de dôme flanqué des fenêtres rondes pour l'éclairage naturel.

Le plus grand vestige de vastes forêts

Moquette de chênes et de lys de la vallée, traversés par des rivelets et parsemés d'étangs, les bois verdoyants de Compiègne ont attiré les populations depuis les temps préhistoriques. Les forêts ont vu les conquêtes de Jules César et furent les domaines des gouvernants francs, en commençant par Clotaire au 7ème siècle. Bien que beaucoup moins qu'aux temps de leur ancienne grandeur, les vastes forêts abritent ici encore des animaux en liberté.

La Forêt de Compiègne, Picardie

Peut-être la partie la plus importante de la forêt de Rouvray originelle qui couvrait toute la région de Compiègne à Lutèce pousse encore près de Compiègne. C'est probablement le plus beau bois de France toujours parcouru de sentiers panoramiques et de routes. La forêt de Compiègne contient de petits villages, Saint-Jean-aux-Bois, Vieux Moulins, Pierrefonds, parfaits comme aires de repos pour les voyageurs à vélo ou à pied, ainsi que pour la restauration du soir.

Compiègne fut un site privilégié pour les résidences royales et les terrains de chasse suprêmes au moins depuis le 9ème siècle, lorsque Charles le Chauve y construisit un palais ressemblant à celui Charlemagne à Aix-la-Chapelle. Depuis ce temps, un flux constant de la royauté chemina vers Compiègne, Louis XIV fut réputé y faire 75 visites, et Napoléon III passer quatre à six semaines ici chaque automne. Un jardin d'hiver de 1820, construit sous le réservoir d'eau pour alimenter les fleurs et plantes au Petit et Grand Parcs, sert maintenant de musée d'objets gaulois.

L'artiste impressionniste Maurice Utrillo (1883 à 1951) séjourna souvent à Saint-Jean-aux-Bois et peignit des scènes de la ville pittoresques. Alexandre Dumas (1802–1870) de Compiègne Picardie l'utilisa comme toile de fond pour partie de son livre Le Comte de Monte-Cristo.

Souvenir d'exposition mondiale

Vu d'au-dessus, le domaine du dieu romain Mars forme une longue et vaste étendue de pelouse, avec des allées se déroulant de long en large donnant un grand accent circulaire. »La Dame de Fer«, plus connue comme le treillis en fer Tour Eiffel, règne sur la ville comme la plus haute structure visible de presque partout. La tour emblématique et son stade vert furent inaugurés dans le cadre de l'Exposition Universelle de 1889, en remplacement d'anciennes installations militaires.

Parc du Champ-de-Mars, 7ème Arrondissement

Si une image reste synonyme de Paris, elle doit être la Tour Eiffel. Surgissant d'une rive de la Seine, visible sur de grands tapis de pelouses vertes et avec des escaliers raides vers le bas, visible de presque n'importe où, et accessible à tout le monde à pied de pratiquement toutes les directions, la tour se dresse comme un symbole du monde de la grâce et de l'élégance confortablement dans sa maison à Paris. Comme un bijou, son cadre ajoute à sa valeur. A sa base, de grands parcs verts étendent leurs bras vers les horizons: jusqu'au Trocadéro, ancienne colline sur la Seine; le long du Champs-de-Mars, plat avec ses pelouses et ses champs. Les trottoirs ombragés au bord de la Seine offrent des vues claires, magnifiques. Des ponts immobiles enjambent les courants au rythme rapide offrant des vues dans des contextes de mouvement perpétuel.

Nommé d'après son concepteur Gustave Eiffel, le plus haut bâtiment de Paris se dresse comme le monument le plus connu dans le monde. Parmi les domaines les plus visités du dieu romain de la guerre, le Champs-de-Mars, se déploie du sud-est de la Seine à l'Ecole Militaire. Le site fut choisi et préparé pour accueillir les Expositions universelles de 1867. La tour fut construite comme la porte de l'Exposition universelle de 1889 et pour célébrer le centenaire de la Révolution française.

Le parc ouvrit au public en 1780. L'armée a totalement cédé la propriété à la ville de Paris en 1889 en échange de terres à Issy-les-Moulineaux, dans la banlieue sud-ouest.

Les champs larges attirent des matchs de football et d'autres sports. Un kiosque à musique attire les foules sans arrêt par temps chaud, et le théâtre de marionnettes reste une activité de prédilection pour tous les âges. Pins, gingkos et tulipiers, ainsi que des cèdres du Liban et de Chine proférent une ombre majestueuse.

Promenades insulaires

Sortir de l'environnement urbain pour pénétrer dans un refuge de verdure peut se révéler tout bonnement extraordinaire en soi mais y ajouter l'effet tampon de l'eau confine au sublime. A l'instar des douves qui entourent un château, le fleuve est comme un bouclier qui protège ces parcs des incursions furtives. L'eau agit telle une barrière sans entraver la vue; les ponts permettent d'y accéder.

Les îles situées sur la Seine dont il est question ici fournissent un aperçu rapide du caractère unique de leurs promenades. L'une ancienne et artificiellement dessinée et une autre récemment transformée, passant d'un usage militaire à un usage public, chacune d'elles offre de charmantes flâneries.

Allée des Cygnes (1825), 15th Arrondissement

L'échappée hors de la scène de la ville en un refuge vert c'est sans doute superbe en soi. Ajouter l'entourage de l'eau de tous côtés, cela doit être sublime. Tout comme les douves autour d'un château, le fleuve protège ces parcs des intrusions occasionnelles. L'eau agit comme une barrière sans être visuellement obstructive.

Les îles de la Seine mentionnées ici donnent un petit aperçu sur le caractère distinctif de leurs promenades. L'une, longue et formée artificiellement, et l'autre, nouvellement transformée de l'usage militaire à celui du public, chacune offre de belles longues promenades.

8. Édouard André, *Le Jardin de roses*, l'Haÿ, Val-de-Marne, 1902.
9. Claude Monet, *Le Déjeuner sur l'herbe*, 1865/66. Extrait du livre de Chantal Georgel, la forêt de Fontainebleau. Un atelier grandeur nature. Editions de la Réunion des musées nationaux, Paris, 2007, p. 98.
10. Paul Cézanne, *Rochers dans le bois*, 1893. Pris de Chantal Georgel, op. cit., p. 61.
11. Camille Corot, *Détails des troncs d'arbres en forêt*, 1822. Pris de Chantal Georgel, op. cit., p. 33.

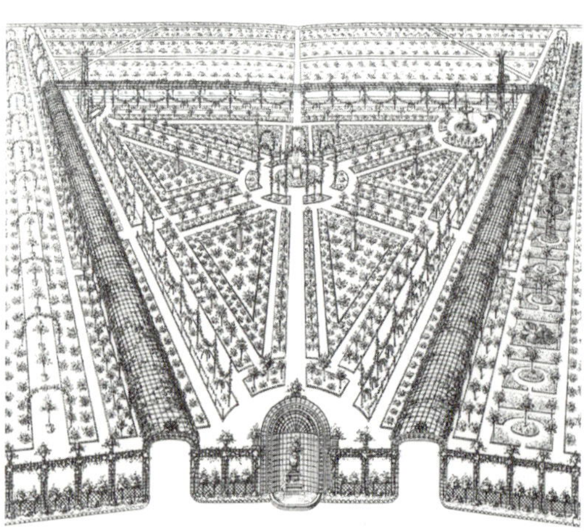

Une mention spéciale doit être faite pour les parcs des îles de la Seine. Accessibles par des ponts et loin de la circulation automobile, les parcs entourés d'eau apportent un éventail de promenades particulier en comparaison de la magnifique palette autrement disponible en Ile de France.

L'Allée des Cygnes fut désignée comme parc public au 19ème siècle. Plus au sud sur la Seine, un autre parc, l'Ile Saint-Germain, est actuellement développée sur les anciens terrains d'une usine automobile. A peu près la moitié de l'île est consacrée aux résidents et aux entreprises, mais le nouveau et important parc offre un espace ouvert aux habitants de l'île et à ceux de l'autre côté du pont à Boulogne-Billancourt (anciennement Boulogne-sur-Seine). Le Bois de Boulogne appartenait à la municipalité de Boulogne-sur-Seine avant d'être annexé à Paris en 1929.

Parc de l'Ile de Saint-Germain, Ville d'Issy les Moulineaux, Hauts-de-Seine

Pour le sud-ouest de Paris, juste à l'extérieur du périphérique et avant la boucle du fleuve vers le nord, l'Ile de Saint-Germain occupe le mince ruban de la Seine. Au début des années 1980, les terres publiques pastorales avec un réseau de sentiers pédestres ont commencé à prendre la place des anciens terrains militaires. La partie principale est composée d'un jardin naturel prévu pour les études de la biodiversité, avec une zone dévouée aux poneys dans un bâtiment de trois étages. Une partie de l'île de Saint-Germain est occupée par des bureaux et des logements, avec des espaces réservés aux ateliers pour l'art et l'architecture.

Au printemps, des roses ornent les clôtures en bois qui délimitent le chemin de campagne pittoresque. Plusieurs artifices artistiques – dont certains à piliers – exposent des vignes et jardins clos. La sculpture peinte de couleurs vives La Tour aux figures de Jean Dubuffet (1901–1985) a été installée dans le parc comme un monument historique en 1988.

Les cadeaux d'artistes pour les âges

L'art a besoin de beauté pour respirer. Il revient au peu d'âmes sensibles de garder ce qui est beau, d'entretenir la flamme, de protéger les trésors. Les artistes ont sauvé Fontainebleau, créé des jardins et conservé des abbayes. Les artistes ont l'œil intérieur pour préserver.

Cette section rend hommage à quelques représentants de ceux qui ont suivi la muse verte.

Les forêts de Fontainebleau, Seine-et-Marne

Au milieu du 19ème siècle des artistes peignant en plein air se sont regroupés à Barbizon pour sauver un sujet de prédilection en danger de disparition. Leurs efforts ont secouru la forêt de Fontainebleau.

Leurs armes étaient des pinceaux, la conservation de la campagne. Théodore Rousseau mena la charge. Cela ne commença pas comme un combat.

Comme beaucoup d'autres artistes de l'époque, Camille Corot commença par l'étude des maîtres de la Renaissance en Italie. Là, il apprit à dépeindre la lumière, le ciel et la roche. Ses souvenirs de Fontainebleau l'ont ramené à peindre en plein-air.

Dans un court laps de temps une colonie d'artistes s'est retrouvée à Barbizon. En rupture avec la tradition, les artistes ont déplacé le fonds vers l'avant dans leur travail; le paysage a été reconnu comme un sujet pour son propre bien.

En 1852, Théodore Rousseau envoya une pétition à l'empereur Napoléon III pour protéger la forêt comme une nature préservée. En 1861, la pétition fut récompensée en grande partie, faisant de Fontainebleau la première forêt nationale du monde.

Les arts ont forgé une alliance puissante avec les parcs de Fontainebleau. La France fixe la norme d'or dans le monde de l'art naturel.

La colonie d'artistes à Barbizon, Seine-et-Marne

L'attrait de la peinture en plein air à Fontainebleau a attiré Gustave Courbet, Jean-François Millet, Frédéric Bazille, Narcisse Diaz de la Peña, Auguste Renoir, Alfred Sisley et Théodore Rousseau à Barbizon. Lieu de rassemblement naturel pour les peintres, les pittoresques maisons en pierre qui ont été regroupées ensemble dans le petit village ont vu défiler la plupart des plus grands talents de la France. Depuis le demi-siècle où la colonie a connu sa pleine floraison, et aujourd'hui encore, certaines des entreprises locales affichent toujours le travail des artistes accepté en échange de nourriture ou d'hébergement.

L'abbaye de Chaalis

La romance de la portraitiste Nélie Jacquemart fournit l'enchaînement parfait entre l'art et l'abbaye, Paris et ses sphères. Portraitiste accomplie avec le savoir-faire et les moyens, elle a acquis et conservé l'Abbaye de Chaalis. A cette époque, sa maison de Paris avait déjà été consacrée à une utilisation de musée.

Le destin sourit à la France le jour où Mme Jacquemart arriva à la maison d'Edouard André, sur le boulevard Haussmann dans le 8ème arrondissement et le monde dans son ensemble continue de récolter les bénéfices. Mme Jacquemart épousa M. André et le conseilla sur l'acquisition de leur collection d'art splendide de partout dans le monde. Une grande partie de la collection continue à être exposée au public dans ce qui avait été leur maison privée finement nommée.

Après que son mari fut mort, Mme Jacquemart élargit ses activités au-delà de Paris et acheta une abbaye datant du début du 12ème siècle. Bien que la cathédrale demeure en ruines, de nombreux autres bâtiments ont été restaurés et une charmante roseraie rétablie. Située au nord de Paris, près d'Ermenonville, l'Abbaye de Chaalis a tenu une importance particulière pour Mme Jacquemart parce qu'elle avait grandi dans la région environnante.

Comme convenu avec son mari, elle fit don de leur maison de ville à l'Institut de France pour être utilisée comme un musée ouvert en 1913. Nélie Jacquemart a donné également l'abbaye à l'Institut de France pour être utilisée comme un musée à la maison pour abriter une partie de l'art des Jacquemart.

Les jardins de l'art de Monet

Nulle part ailleurs les liens entre l'art et la nature ne sont aussi proches que dans les jardins de Monet à Giverny. Le terrain nu est devenu la toile vierge de Claude Monet. Le jeu des couleurs des fleurs à l'étang, les effets de lumière et d'ombre, et l'intensité des teintes se combinent pour transporter Giverny au-delà des imperfections de la réalité et dans un royaume fantastique. Les flâneurs à travers les jardins font partie d'une grande peinture impressionniste.

Les inspirations et les actions de Monet, Giverny et Fontainebleau

L'activisme des artistes et campagnards à Fontainebleau et Barbizon a profondément affecté Oscar Claude Monet. A Paris il avait établi des liens professionnels avec Alfred Sisley, Auguste Renoir et Frédéric Bazille. En 1963, Monet les amena à Fontainebleau pour poursuivre leurs techniques de peinture, qui avait été considérablement influencée par l'anglais paysagiste et maître de représentation d'eau et de lumière, Joseph Mallord William Turner.

Juste au nord de Barbizon, Chailly-en-Bière avait attiré à plusieurs reprises Monet à peindre en plein-air et à insuffler une plus grande ouverture et de la lumière dans sa peinture. Cherchant à montrer la réalité dans la nature plutôt que la perfection classique, il installa son immense toile de 15 par 20 pieds dans les bois et commença à enregistrer les merveilles de la nature d'une toute nouvelle façon. Un pique-nique, en présence d'un groupe de convives élégamment habillés et intitulé Déjeuner sur l'herbe, a été peint en plein air dans la forêt de Fontainebleau en 1855 ou 1856. Une douzaine d'autres de ses chef-d'œuvres ont également été peintes dans le voisinage.

En 1883, Monet en regardant par la fenêtre d'un train tomba amoureux de Giverny. Poussé à croître et à créer son propre sujet pour sa peinture, il acquit un terrain et détourna un ruisseau pour nourrir son projet. Certains de ses tableaux les plus célèbres découlent de Giverny, impliquant notamment les bassins de nénuphars, des ponts et des treillis.

En 1926, Monet meurt, mais son travail réside toujours dans le cadre enchanté qu'il fabriqua à Giverny. En 1966 son seul héritier Michel légua l'art et la propriété de son père à l'Académie française des Beaux-Arts, une partie de l'Institut de France. La contribution de Monet au monde de l'art en France reste incommensurable; son travail a inauguré la nouvelle ère de l'impressionnisme et sa famille a permis aux jardins de continuer à être publics.

Musée des Impressionnismes et ses jardins

Dans une histoire qui lie Chicago à Giverny et l'Amérique avec l'impressionnisme, l'étudiant en chimie Daniel Terra découvrit une encre pour accélérer le fonctionnement des presses d'imprimerie qui conduisit à la production du première périodique illustré avec des photographies, *Life Magazine*. Avec des fonds empruntés à son ami John Lawson, il forma Lawter chimique, un des principaux producteurs d'encres et de produits chimiques d'impression. Son mariage avec la peintre Adeline Richards, leur collecte ultérieure d'art à Chicago et leur engagement commun pour l'art américain a inspiré la création à la fois du Musée Terra of American Art à Chicago en 1987 et du Musée d'Art Américain de Giverny en 1992.

Claude Monet s'installa à Giverny, après avoir passé du temps à Fontainebleau. Des artistes ont presque immédiatement commencé à se rassembler là, autant que les artistes avant eux se rassemblaient à Fontainebleau. Pendant environ 30 ans de 1885 jusqu'à la Première Guerre mondiale un groupe d'artistes américains, dont Willard Metcalf, Louis Ritter, Theodore Wendel, et John Leslie Breck, Theodore Robinson, Frederick Mac Monnies, Theodore Butler, Louis Paul Dessar, Richard Emil Miller Frederick, Carl Frieseke, William Blair Bruce et Alson Clark se sont réunis à Giverny. De 1860 à 1930 passer du temps en France fut considéré comme de rigueur pour tout aspirant artiste américain.

Un grand champion de l'impressionnisme, le marchand d'art Durand-Ruel, a organisé des expositions de l'œuvre de Monet à New York. Les œuvres impressionnistes devenant célèbres, un solide réseau de soutien s'est développé sur la côte Est des Etats Unis. Les deux artistes et mécènes ont régulièrement rendu visite à Giverny.

Les legs de Rodin de son travail et deux musées

Musée Rodin à Paris, 7ème Arrondissement

Sculpteur de renommée internationale Auguste Rodin a donné au gouvernement français tous ses chefs-d'œuvre. Les sculptures représentent une acquisition inestimable pour la France; son don de deux musées pour les exposer a permis à son travail de lui survivre d'une manière remarquable. A Paris et à Meudon son art vit dans l'organisation des jardins qu'il a choisis et préservés.

Rodin (1840–1917) vécut dans la petite ville de Meudon, au sud-ouest de Paris. En 1908 il loua une maison de maître parisien appelé Hôtel Biron, récemment acquis par le gouvernement français. Immédiatement, il se mit à transformer l'Hôtel Biron en un musée pour abriter ses imposantes statues de marbre.

Depuis 1919, le Jardin du musée Rodin dans le 7ème arrondissement avec ses vastes terrains a servi de musée et de parc. A courte distance de l'avenue du Champs-de-Mars, l'Esplanade des Invalides et la rue du marché de Cler, il siège tranquillement dans plusieurs blocs derrière le Musée d'Orsay. Derrière la porte, cependant, le visiteur se sent transporté dans une autre dimension à la fois en raison des statues de Rodin, mais aussi en raison de la complexité de la présentation.

Des galeries en plein air entourées de haies permettent d'observer chaque chef-d'œuvre individuellement. Les figures de bronze supposent des attributs plus qu'humains dans leur représentation d'émotion sans retenu. Le cadre verdoyant classique est superbement adapté à son rôle de soutien; allées de tilleuls et d'érables ajoutent une proportion sculpturale; pommes, prunes et cerises apportent de la plénitude et de la vie.

Rodin a réussi à apporter du réalisme à l'art de la sculpture à un monde qui avant cela avait été lié à des sujets allégoriques et mythologiques. Il s'est également assuré que son travail soit représenté

12. Claude Monet, *Nymphéas*, 1908. Extrait du livre de Marina Ferretti Bocquillon (ed.), *Le jardin de Monet à Giverny: L'invention d'un paysage*, Musée des Impressionnismes, Giverney, 2009, p. 77.
13. Claude Monet, *Iris jaunes*, 1924/25. Extrait du livre de Marina Ferretti Bocquillon, op. cit., p. 24.

dans deux musées pour les générations futures. Le Jardin du musée Rodin et le musée Rodin à Meudon affichent la majorité de son travail, bien que les moulages de ses ouvrages appartiennent à plusieurs autres collections du monde entier.

Musée Rodin à Meudon, Hauts-de-Seine

Il semble normal que la partie nord-ouest de la ville natale de Auguste Rodin qui domine la Seine soit nommée »Bellevue«. La façade de sa villa, Les Brillants, est celle de l'ancien palais voisin d'Issy-les-Moulineaux; une exposition publique de sa sculpture se trouve dans la villa. Dès l'époque où Rodin sculpta ici, au début du 20ème siècle, la région attira les artistes et compositeurs comme le sculpteur alsacien Jean Arp dont l'ancien atelier-maison affiche son travail.

Intercalée entre une boucle au sud de la Seine et la forêt de Meudon, la ville est reliée à Versailles par un chemin forestier qui servait de voie royale ancienne, ou Pavé des Gardes. À son apogée au 17ème siècle sous Louis XIV, Meudon attira une attention considérable comme résidence du dauphin. La conception originale du paysage d'André Le Nôtre peut être découverte à partir de la terrasse qui reste du palais Bellevue surplombant la vallée de la Seine.

Le nom de Meudon dérive du mot gaulois qui veut dire »dune de sable« mais des signes d'habitation remontent à l'ère néolithique.

Les jardins de bienfaiteurs privés. Récolter les riches dividendes de la réussite financière et la passion

Aujourd'hui, les visiteurs peuvent profiter des expériences améliorées et singulières grâce à deux pourvoyeurs riches du 20ème siècle. Chacun adorait les roses, les jardins, et ont soigneusement conçu le paradis floral. Chacun a choisi un site juste à l'extérieur de Paris et a créé un nirvana sur des terres maintenant accessibles à tout le monde.

Roseraies Gravereaux

Après sa retraite de son poste de chef du Bon Marché, Jules Gravereaux commença à élargir sa collection de roses à son domicile de L'Haÿ, juste au sud de Paris. Il avait acquis le reste du jardin de Joséphine Bonaparte, avec probablement moins de 50 plantes. Bientôt ce nombre a gonflé par milliers.

En 1900, le commissaire des jardins de la ville de Paris engagea M. Gravereaux pour créer un jardin de roses pour Bagatelle dans le Bois de Boulogne. En 1909, il en entreprit un à la Malmaison, roseraie originale de Joséphine. L'Haÿ, connue sous le nom de Laiacum à l'époque de Charlemagne, succession du gallo-romain Lagius, devint officiellement »L'Haÿ-les-Roses« en 1914 en l'honneur des splendeurs forgées.

L'existence de ces trois jardins – Roseraie du Val-de-Marne, à L'Haÿ, Rueil-Malmaison à l'ouest de Paris, et Bagatelle dans le cœur du Bois de Boulogne – fut tracée grâce aux efforts début de M. Gravereaux. C'est probablement au mois de Mai que les premières – et les plus spectaculaires – roses peuvent être vues, mais tout au long du printemps, en été et à l'automne certaines variétés peuvent être en fleurs. Ces trois roseraies jouxtent des parcs de tailles diverses.

Musée Albert-Kahn et Jardin Départementaux, Boulogne-Billancourt

Avant la chute de Wall Street en 1929, le musée et les jardins d'Albert Kahn appartenaient à un financier de renom et promoteur de la paix. Maintenant il est situé dans une ville dont le nom a été changé en Boulogne-Billancourt, le long de la Seine et juste à l'ouest et légèrement au sud de Paris. La maison de M. Kahn avait servi d'escale fréquente et pratique à l'intelligentsia européenne voyageant entre Paris et une résidence royale préférée à St. Cloud. Jusqu'en 1924 la commune française était nommée Boulogne-sur-Seine et couvrait environ la moitié du Bois de Boulogne intérieur; en 1929 la ville de Paris annexa tout le Bois de Boulogne. A l'époque la zone attira des artistes et des écrivains; elle servit également de berceau de l'industrie du cinéma, de l'automobile et de l'aéronautique. La proximité de la maison d'Auguste Rodin à Meudon facilita l'amitié rapide entre l'artiste et Albert.

Sur ses terres, Albert créa un mélange harmonieux de paysages variés: une roseraie, un salon de thé japonais et ses jardins, un bois de conifères et un jardin anglais. Il promut des bourses d'études en particulier dans son projet, en envoyant des photographies dans toutes les parties du monde dans une utilisation novatrice de la photographie couleur, des plaques autochromes, et de la cinématographie. Son registre pictural de 50 pays constitue »Les Archives de la Planète« et peut être vu au musée Kahn; sa collection photographique de 1914 a été compilée en collaboration avec les militaires français et documente les désastres de la guerre et les tragédies humaines qui en découlent. Albert est mort comme une victime de la Seconde Guerre mondiale.

Les transformations des 20ème et 21ème siècles parisiens. De l'horreur à l'Eden

En tant que partie intégrante de la conception urbaine, la planification du parc maintient la verdure de Paris. La fonction, l'échelle, la proportion, la circulation et l'orientation vont toutes dans le sens de la formation et la préservation des espaces ouverts. Le processus implique l'excavation, le génie, l'électricité, la plomberie, l'horticulture et l'agriculture.

La planification des parcs est inclue dans le programme d'études de l'enseignement supérieur en France. Des programmes sont aussi organisés dans les parcs pour instruire le public sur la conception du parc, la construction et la gestion. La science continue d'être soulignée tant dans les parcs opérationnels que dans leur création initiale. Les pièces et salles de plein air servent aux utilisations envisagées dans les espaces.

La conception des parcs prévoit une myriade d'activités et de possibilités de loisirs. La flânerie, le canotage, le vélo, le patinage, l'équitation, le jeu de ballon, l'observation des oiseaux, la natation, le pique-nique, la lecture, la conception et la perspective, s'accordent parfaitement à cette utilisation des parcs. Des détails comme des bancs et des matériaux de clôture, le design, tout cela est déterminé par la localisation spécifique. L'entretien et le réglage pour les changements et les demandes saisonnières doivent être intégrés dans le parc et les concepts, et des fonds sont régulièrement alloués à ces fins. L'écologisation de Paris comprend la plantation d'arbres le long des rues, même des plus petites. Quelle que soit leur taille, les bois, parcs, jardins ou squares sont des trésors parisiens que le reste du monde a le privilège de partager.

Parc de la Villette, 19ème Arrondissement

Exemple d'une transformation moderne d'un ancien abattoir, ce parc urbain fut conçu par l'architecte Bernard Tschumi. Inauguré dans les années 1970, il propose une panoplie d'activités et de fascination. De grands bâtiments rouges enjoués pimentent le parc. De grands artifices en forme de boîte possèdent des curiosités architecturales comme les roues d'eau. Des cascades descendent comme en tire-bouchon. De grandes pelouses recouvrent les deux côtés du canal de l'Ourcq; des navettes arrivent et partent comme sur des roulettes. Une gracieuse fontaine prolongeant un pavillon accueille le visiteur à la grande place principale. Des salles de la science et de l'industrie et des halls de spectacles bordent la place principale; un café central sert de lieu de rencontre.

Parc de Belleville, 20ème Arrondissement

Un nouveau parc plein de surprises se trouve sur la plus haute colline de Paris. Dépassant même Montmartre, ses hauteurs offrent une vue dans le parc qui est aussi charmant que les sites plus éloignés. Des allées courbes serpentent à travers des paysages enchanteurs. Des escaliers plantés sont bien-placés sur cette pente raide.

Beaucoup de sources naturelles proviennent de Belleville et ont fourni d'autres quartiers de Paris. A l'époque romaine, l'eau était acheminée à d'autres endroits à partir de cette source. Même maintenant Belleville revendique la cascade la plus grandiose de Paris.

Ouvert au public en 1988, l'emplacement de Belleville joua un rôle important, sinon ininterrompu, dans l'histoire française depuis les Celtes. La colline fut jugée tellement attractive que des dynasties Mérovingiens et Carolingiens choisirent ce site pour être leur résidence royale dès le 5ième et jusqu'au 8ième siècles. Avant le 13ème siècle, la colline était connue comme Savies jusqu'à ce que le 16ème siècle la nomme comme Pointronville. Ce sommet donna un avantage stratégique à ceux qui le détenaient.

Promenade Plantée et Reuilly, 12ème Arrondissement

Depuis les années 1990 les Parisiens peuvent faire une promenade de presque 5 kilomètres à travers un étroit jardin dans l'un des quartiers les plus fréquentés de la ville sans arrêt pour un seul feu de circulation. Des buissons de roses, des parterres de fleurs lumineuses et des arcades couvertes de vignes accompagnent les passagers le long du chemin. Conçue sur une ancienne voie ferrée surélevée, la passerelle va de la Bastille au périphérique.

Du niveau au-dessus de la rue on peut avoir une perspective différente des résidences seigneuriales, des boutiques, des marchés et des cours intérieures sur le trajet. Ici et là des bancs sont à disposition pour faire une pause. Une piste dédiée aux vélos commence à partir de la gare ferroviaire de Reuilly qui se trouve sur la route.

Le long du trajet, sept séquences géographiques montrent la végétation représentative de ces différentes parties. Deux nouveaux parcs sont reliés directement avec la Promenade: le Jardin de Reuilly et la place Charles-Péguy. A quelques pas de la Bastille-bout du parc se trouve le Jardin de l'Arsenal, offrant une agréable promenade au quai du port de plaisance. A quelques pas au sud de l'extrémité orientale le sentier mène au Bois de Vincennes.

Jardin de Reuilly, 12ème Arrondissement

A mi-chemin de la Promenade Plantée la voie s'ouvre dans la grande verdure de Reuilly, ajoutant une marge de manœuvre pour les randonneurs. Perché au dessus des rues animées, ce jardin semble retiré sur la colline. De la large pelouse circulaire rayonne un air de réunion de quartier.

Dans une perspective historique, ce site est titulaire d'une certaine importance, malgré le récent millésime 1992 du parc lui-même. Reuilly servit de résidence parisienne des dirigeants mérovingiens.

Parc de Bercy, 12ème Arrondissement

Si Bercy rappelle les Tuileries, ce n'est pas par hasard. L'emplacement de ce nouveau parc des années 1990 fut choisi pour équilibrer la répartition des parcs de la ville. En conséquence, la zone sud Bercy sur la Seine possède ses propres Tuileries, à peu près semblables à celles plus au nord.

L'histoire archéologique de Bercy peut également suggérer une dépendance plus tôt sur l'accès à la Seine, datant de l'ère celtique néolithique au 4000 B.C.E. Plus récemment, des anciennes lignes ferroviaires étaient ancrées dans les allées utilisées pour transporter des wagons remplis de tonneaux de vin. A l'époque des entrepôts au 19ème siècle, il y avait beaucoup d'aller-retour de barges fluviales. Les vignobles du parc rendent hommage aujourd'hui à l'usage passé, en donnant même suffisamment de raisins pour l'embouteillage.

Attestant de l'époque du 17ème siècle, les arbres centenaires ornaient autrefois un palais, avec des jardins dessinés par André Le Nôtre. Un bâtiment couvert de vignes date d'un temps où un château était assis au milieu de vastes jardins. Aujourd'hui, des terrasses accueillent les jardiniers avides lors des événements parrainés par la ville.

Des jardins de démonstration montrent les différents stades de développement des plantes individuelles. Un jardin de parfums comprend une treille recouverte de glycine blanche ; un labyrinthe et une roseraie ajoutent un air d'antiquité. La grande promenade surplombant la rivière comprend des sculptures d'enfants du monde entier. Le stade au toit vert se fond dans le paysage du parc.

Directement attenante au Parc de Bercy, une rue piétonne offre de multiples possibilités de restauration. Un certain nombre de restaurants occupent des caves anciennes et d'autres bâtiments du 19ème siècle datant de l'époque des entrepôts.

Parc André-Citroën, 15ème Arrondissement

Reflétant son ancien usage industriel de la fabrication de voitures, Citroën se trouve sur un quai de la Seine avec les trains circulant toutes les quelques minutes. Inauguré en 1992, le parc semble aussi récent que les hôpitaux et les immeubles de bureaux environnants. Une grande place centrale avec une fontaine en son milieu est perpendiculaire au fleuve. Deux vérandas s'élèvent gracieusement à l'extrémité opposée. Les passerelles et les plates-bandes encadrent la place de chaque côté. Un jardin sauvage permet des études des évolutions naturelles.

D'autres parcs partagent des perspectives de la Seine: le Trocadéro, les Invalides, le Champ-de-Mars, Bercy, l'Allée des Cygnes, le Vert-Galant, Barye. La ville offre des promenades en bateaux entre les parcs Citroën et Bercy comme partie de la Fête des Jardins; cela permet d'apprécier la perspective et la perspicacité.

Jardin Atlantique, 15ème Arrondissement

Soutenue par douze arches en béton colossales, une grande plate-forme suspendue flotte au-dessus des voies menant à la gare Montparnasse. Sur sa surface, des courts de tennis et des tables de ping-pong sont placés dans des zones trop peu profondes pour accueillir les racines des arbres à cause des systèmes de ventilation juste en dessous; entre les deux niveaux, des centaines de places de stationnement ont été tracées. En plus des prouesses d'ingénierie, Atlantique ressemble à un magnifique parc typiquement Parisien.

Atlantique représente un thème de l'océan dans la conception et la végétation. La longue Allée centrale des Métamorphoses attire non seulement les jeunes patineurs, mais aussi les voyageurs qui montent jusqu'à l'escalator de la gare Montparnasse. Pour obtenir le permis de construction, le développeur de cet ouvrage en hauteur entourant le parc a dû garantir certains coûts de parc; les employés travaillant dans les bâtiments alentours bénéficient des avantages des espaces de loisirs depuis 1994.

Pour ceux qui ont du temps et pas de bagages, une promenade plus longue pourrait convenir. Ayant des noms exotiques comme le cardinal Wyszynski, Zac Guilleminot, et Vercingétorix, une série de sentiers paysagés suivent les rails sud-ouest de la gare Montparnasse.

Musée Branly, les zones humides et la promenade du Quai Branly, 7ème Arrondissement

Entre le Pont de l'Alma et le Pont de Bir-Hakeim dans le 15ème arrondissement, il y a des promenades ombragées par des arbres entre les rives de la Seine et la rue du musée Branly. Quant au musée lui même, il fut ouvert en 2006 et connu pour sa vivante façade ressemblant à une tapisserie végétale. Les jardins Branly proposent en outre des zones humides. Fonctionnant comme un fossé moderne, l'étendue d'eau entre la rue et le musée entrave les visites importunes, tout en offrant des avantages écologiques et un intérêt visuel.

Parc de Clichy Batignolles-Martin Luther King, un parc naissant: 17ème Arrondissement

Comme la plupart des projets de construction, la création du parc commença avec des plans – pour l'excavation, la construction du réservoir, la pose de canalisations, puis la plantation, l'arrosage, les fontaines, les allées et les bancs.

Les plantes et les arbres ont été choisis et placés en fonction de leur apparence cinq ans plus tard; c'est à dire que cinq ans après que la plantation ait été faite, le parc aura atteint son stade optimal de développement. Les caractéristiques de l'eau jouent un rôle important et, en particulier dans les nouveaux parcs, l'eau de pluie est collectée et recyclée.

Le département des travaux publics du bureau du maire met en place le siège du projet sur le site et sélectionne des matériaux. Les couleurs, rambardes, décors et thèmes doivent être choisis pour chaque endroit spécifique. Pour Batignolles-Clichy, chaque quadrant du parc représente une saison différente de l'année. Il y a aussi des références visuelles à l'emploi du passé comme les gares de triage.

La zone avait été réservée comme logements pour les athlètes olympiques, mais a été allouée aux parcs après que la France ait perdu sa candidature pour accueillir les Jeux olympiques de 2008.

Parc Georges-Brassens, 15ème arrondissement

L'abcès fut crevé et un tout nouveau jour se leva lorsque les derniers vestiges des abattoirs disparurent du village de Vaugirard.au milieu des années 1970. A leur place, des vignobles et des ruches reconquirent les terrains occupés auparavant tandis que Les blocs de bâtiments démolis furent reconvertis en aires de jeux pour tous.

Portant le nom d'un célèbre barde qui y habitait, Georges Brassens (1921–1981), il semble que les espaces du parc ont pris une intensité lyrique, de l'ancien beffroi au traditionnel spectacle de marionnettes de Guignol le samedi à l'abri d'un pavillon moderne. Jouissant d'une renommée dans toute la France, le chanteur Brassens a redonné vie aux écrits du poète médiéval François Villon, de l'auteur du 19ème siècle Victor Hugo et du poète du 20ème siècle Paul Verlaine, mettant en musique les thèmes qu'ils abordaient, amour, mort et individualisme.

1. Square du Vert-Galant, 1er arrondissement
(p. 11).
2. Les Arènes de Lutèce, 5ème arrondissement
(p. 11).

3. Jardin médiéval du musée de Cluny, 5ème arrondissement (p. 11). Section du style médiéval.
4. Square René Le Gall, 13ème arrondissement (p. 12).

5. Jardin des Plantes, 5ème arrondissement (p. 12).
6. Jardin des Plantes, 5ème arrondissement. Gros plan de canopy.
7. Jardin des Plantes, 5ème arrondissement. La Grande Galerie.

8. Jardin des Tuileries, 1ère arrondissement (p. 13). Passage aux cafés.
9. Jardin des Tuileries, 1ère arrondissement. Promenade le long de la Seine.
10. Jardin des Tuileries, 1ère arrondissement. Passerelle avec le Louvre arrière-plan.

p. 34/35
11. Château de Courances, Essonne (p. 13). Reflétant bassin rond.

12. Château de Courances, Essonne. Fontaine La Baigneuse.
13. Château de Courances, Essonne. Bollards et bassin reflétant.
14. Château de Courances, Essonne. Porte et reflétant bassin long.

15. Château de Fontainebleau, Seine-et-Marne. (p. 13). La grande porte.
16. Château de Fontainebleau, Seine-et-Marne. L'axe.

17. Château de Fontainebleau, Seine-et-Marne.
Vue sur le lac.

18. Château de Fontainebleau, Seine-et-Marne.
Fontaines et arbres coniques.
19. Château de Fontainebleau, Seine-et-Marne.
Statue de Diane de 1603.

20. Château de St. Germain-en-Laye, Yvelines (p. 14). Le château.
21. Château de St. Germain-en-Laye, Yvelines. Terrasse par le Nôtre.
22. Château de St. Germain-en-Laye, Yvelines. Allée des arbres coniques dans un contexte de Paris skyline.

26. Château de Vau
Aménagement pays
27. Château de Vau
Aménagement pays

23. Château de Vaux le Vicomte, Seine-et-Marne (p. 14). Le château.
24. Château de Vaux le Vicomte, Seine-et-Marne. Haies sculptées.
25. Château de Vaux le Vicomte. Aménagement paysager fond boisé.

p. 50/51
28. Château de Versailles, Yvelines (p. 14). Axe principal.

29. Château de Versailles, Yvelines. Bassin rond.
30. Château de Versailles, Yvelines. Orangerie, parterre.

31. Château de Versailles, Yvelines. Urnes sur des piédestaux.

pp. 56/57
32. Château de Sceaux, Hauts-de-Seine (p. 14). Axe.

33. Château de Sceaux, Hauts-de-Seine. Château à travers les conifères, couverture.
34. Château de Sceaux, Hauts-de-Seine. Château avec arbres coniques.
35. Château de Sceaux, Hauts-de-Seine. Canal, les forêts et les balustrades.

36. Château de Saint-Cloud, Hauts-de-Seine (p. 15).
37. Château de Saint-Cloud, Hauts-de-Seine. Etang et pelouses balustres.

38. Château de Saint-Cloud, Hauts-de-Seine. Grandes cascades.
39. Château de Saint-Cloud Hauts-de-Seine. Sculptures de grenouilles.
40. Château de Saint-Cloud, Hauts-de-Seine. Grandes cascades, niveau supérieur.

41. Château de Meudon, Hauts-de-Seine (p. 15).
42. Château de Chantilly, Oise (p. 15).

43. Château de Chantilly, Oise. Château et parc.
44. Château de Chantilly, Oise. Grand canal.
45. Château de Chantilly, Oise. Château, douves et forêt.

46. Palais Royal, 1er arrondissement (p. 15).
47. Palais Royal, 1er arrondissement. Arbre de couverture.
48. Palais Royal, 1er arrondissement. Pelouse et lits de fleurs en bouquet.

49. Square Louis XIII, Place des Vosges, 3ème arrondissement (p. 16).
50. Square Louis XIII, Place des Vosges, 3ème arrondissement. Fontaine, aire de jeux.

pp. 72/73
51. Square Louis XIII, Place des Vosges, 3ème arrondissement. Bancs en bosquet de tilleuls.

pp. 74/75
52. Bois de Boulogne, 16ème arrondissement (p. 16). Arcade de chênes.

53. Bois de Boulogne, 16ème arrondissement. Chalet des Iles.
54. Bois de Boulogne, 16ème arrondissement. Orangerie dans le Parc de Bagatelle.
55. Bois de Boulogne, 16ème arrondissement. Jardin Shakespeare.

56. Bois de Boulogne, 16ème arrondissement. Grande Cascade.
57. Bois de Boulogne, 16ème arrondissement. Pont à balustrade en béton sculpté dans le style rustique à cornes.

58. Bois de Boulogne, 16ème arrondissement. Porte d'entrée dorée.
59. Bois de Boulogne, 16ème arrondissement. Bagatelle, chemin de la maison de jardin.
60. Bois de Boulogne, 16ème arrondissement. Banc dans niche en haie.

61. Bois de Vincennes, 12ème arrondissement (p. 17). Lac Daumesnil.
62. Bois de Vincennes, 12ème arrondissement. Lac Daumesnil, Ile de Reuilly.

63. Bois de Vincennes, 12ème arrondissement.
Lac Daumesnil, Ile de Bercy.
64. Bois de Vincennes, 12ème arrondissement.
Parc Floral, étangs de nénuphars.

65. Bois de Vincennes, 12ème arrondissement.
Parc Floral, pavillon de concerts.
66. Bois de Vincennes, 12ème arrondissement.
Poteaux indicateurs du parc.

Maison du jardin botanique →
L'espace événements →
Jeux et pique-nique →
Espace Concert →
← Maison du parc et du bois
Restaurants →
Mini-golf →
← Paris Nature
Toilettes →

67. Parc des Buttes-Chaumont, 10ème arrondissement (p. 17). Belvedere de Sybil.
68. Parc des Buttes-Chaumont, 10ème arrondissement. Grotte avec cascade.

69. Parc des Buttes-Chaumont, 10ème arrondissement. Falaise calcaire avec belvédère.
70, 71. Parc des Buttes-Chaumont, 10ème arrondissement. Restaurants Napoléon III-Haussmanniens.

72. Parc Montsouris, 14ème arrondissement (p. 17). Réservoir couvrant l'ancienne entrée dans les Catacombes.
73. Parc Montsouris, 14ème arrondissement. Station Météo.

74. Parc Monceau, 8ème arrondissement (p. 17).
Naumachie avec des colonnes.
75. Parc Monceau, 8ème arrondissement. Situation approximative de l'un des tableaux Parc Monceau de Claude Monet.

76. Parc du Ranelagh, 16ème arrondissement (p. 17). Statue dépeignant La Fontaine avec renard et corbeau, personnages d'une de ses fables.

77. Parc du Ranelagh, 16ème arrondissement. Châtaigniers roussis par l'automne et pavillon bleu.

pp. 98/99
78. Jardin des Champs-Elysées, 8ème arrondissement (p. 18). Promenade â Théâtre Marigny.

79. Jardin des Champs-Elysées, 8ème arrondissement. Sequoia présenté â la France par les Etats-unis en 1989 commémorant les 200 ans de droits de l'homme et de l'amitié (â droite de la voie).
80. Jardin des Champs-Elysées, 8ème arrondissement. Rond-point.
81. Jardin des Champs-Elysées, 8ème arrondissement. Pavillon du 19ème siècle derrière rond-point.

82. Jardin des Champs-Elysées, 8ème arrondissement. Près de cours de Reine, bronze hêtre et fontaine de déesse romaine, Diana.
83. Jardin des Champs-Elysées, 8ème arrondissement. Kiosque à musique du 19ème siècle.

87. Jardin du Luxembourg, 6ème arrondissement.
Pelouse entourée de topiaires arrondis.
88. Jardin du Luxembourg, 6ème arrondissement.
Cupidon tenant pot de fleurs comme bouquet.

89. Jardin du Luxembourg, 6ème arrondissement.
Statue donnant hommage à un poète.
90. Jardin du Luxembourg, 6ème arrondissement.
Fontaine Medicis.

91. Jardin du Luxembourg, 6ème arrondissement.
Le pavilion de la fontaine.
92. Jardins du Trocadéro, 16ème arrondissement
(p. 18).

93. Jardins du Trocadéro, 16ème arrondissement. Vue de 25 rue Benjamin Franklin by Auguste Perret.
94. Square des Batignolles, 17ème arrondissement (p. 18). Dans le style anglais.

95. 3ème arrondissement (p. 19). De l'époque de Napoléon III-Haussmann.
96. Square Louis XVI, 8ème arrondissement (p. 19).

99, 100. Château de Compiègne, Picardie (p. 19). L'allée des Beaux Monts avec poteaux indicateurs en style de Compiègne.

101. Château de Compiègne, Picardie. Saint-Jean-aux-Bois.
102. Château de Compiègne, Picardie. Pierrefonds.
103. Château de Compiègne, Picardie. Maison forestière.

104. Parc du Champ-de-Mars, 7ème arrondissement (p. 20).
105. Allée des Cygnes, 15ème/16ème arrondissement (p. 20).

pp. 126/127
108. Forêt de Fontainebleau, Seine-et-Marne (p. 20). Fougères et des roches célèbres.

109, 110. Forêt de Fontainebleau, Seine-et-Marne. Formations rocheuses comme animaux.

111. Forêt c
Roche grot
112. Forêt c
leau blanc.

113. Forêt de Fontainebleau, Seine-et-Marne. Sol de la fôret luminiscente.
114. Moret-sur-Loing, Seine-et-Marne. Village près de Fontainebleau où Alfred Sisley a peint ces scènes.

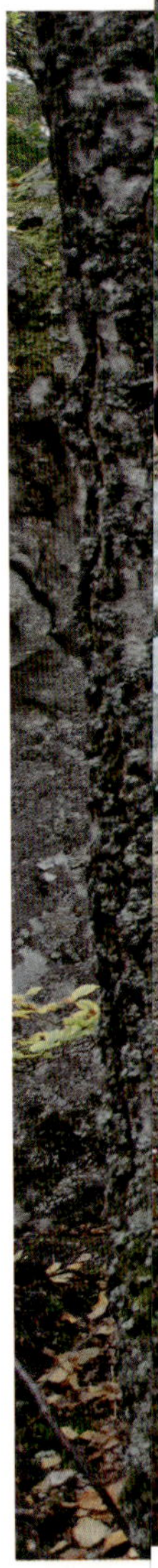

115. Les Jardins de Claude Monet à Giverny, Eure, Haute-Normandie (p. 21). Pont vert et étangs, des sujets des peintures de Monet.
116. Les Jardins de Claude Monet à Giverny, Eure, Haute-Normandie. Sentiers jardiniers le long des étangs.

117. Les Jardins de Claude Monet à Giverny, Eure, Haute-Normandie. Chemin bordé d'iris menant à la maison de Monet.
118. Les Jardins de Claude Monet à Giverny, Eure, Haute-Normandie. Tunnels de roses.

119. Les Jardins de Claude Monet à Giverny, Eure, Haute-Normandie. Vue de la maison de Monet de la rue.
120. Musée des Impressionnismes Giverny, Eure, Haute-Normandie (p. 21). Entrée de couverture sculptée et glycines blancs.

121. Abbaye de Chaalis, Fontaine-Chaalis, près de Ermenonville, Oise (p. 21). Roseraie.

122. Abbaye de Chaalis, Fontaine-Chaalis, près de Ermenonville, Oise. Dôme étincelant de roses.
123. Abbaye de Chaalis, Fontaine-Chaalis, près de Ermenonville, Oise. Baignoire pour les oiseaux dans un mer de roses anciennes.

124. Musée Rodin â Paris, 7ème arrondissement (p. 22). Vue sur les jardins au travers le bassin reflétant vers le musée, autrefois connu sous le nom Hôtel Biron.
125. Musée Rodin Rodin â Meudon, Villa des Brillants, Meudon, Haut-de-Seine (p. 22). Le Penseur.

pp. 146, 147
126, 127. Roseraie en Rueil-Malmaison, Hauts-de-Seine (p. 22). Roseraie dessinée par Jules Graveraux pour présenter la collection du jardin de roses de Josephine Bonaparte.

128. Roseraie en Haÿ-les-Roses, Val-de-Marne (p. 22). Musée et café à la facade de roses.
129. Roseraie en Haÿ-les-Roses, Val-de-Marne. Le buste de Jules Gravereaux, créateur de roseraie originale, qui a cédé son jardin à l'état français.

Jules GRAVEREAUX
(1844-1916)

130. Roseraie en Haÿ-les-Roses, Val-de-Marne.
Arcades débordant de roses.
131. Roseraie en Haÿ-les-Roses, Val-de-Marne.
Galerie de sculptures à paroi en treillis.

132. Roseraie en Bagatelle, Bois de Boulogne, 16th arrondissement (p. 22). 16ème arrondissement (p. 22).Orangerie.
133. Bagatelle, Bois de Boulogne, 16ème arrondissement. Chinoiserie se reflétant sur étang.

134. Bagatelle, Bois de Boulogne, 16ème arrondissement. Statue de faune près de la maison de jardin.
135. Rose garden in Bagatelle, Bois de Boulogne, 16ème arrondissement. Vue de belvedere.

136. Albert Kahn, musée et jardins, Boulogne-Billancourt, Hauts-de-Seine (p. 22). Conservatoire.
137. Albert Kahn, musée et jardins, Boulogne-Billancourt, Hauts-de-Seine. Ornement au jardin japonais.
138. Albert Kahn, musée et jardins, Boulogne-Billancourt, Hauts-de-Seine. Salon de thé japonais.

139. Albert Kahn, musée et jardins, Boulogne-Billancourt, Hauts-de-Seine. Mur de pierre artisanale.
140. Albert Kahn, musée et jardins, Boulogne-Billancourt, Hauts-de-Seine. Pont rouge et rocaille.

141. Parc de la Villette, 19ème arrondissement (p. 23). Canal et quai du traversier.

142. Parc de la Villette, 19ème arrondissement.
Sphère.
143. Parc de la Villette, 19ème arrondissement.
Sphère et folie rouge par Bernard Tschumi.

144, 145. Parc de la Villette, 19ème arrondissement.
Sphère et folie rouge par Bernard Tschumi.

146. Parc de Belleville, 20ème arrondissement (p. 23). Voile de chute d'eau vue par derrière.
147. Parc de Belleville, 20ème arrondissement. Passerelle accentuée avec topiaire.

148. Promenade plantée, 12ème arrondissement (p. 23). Jardins suspendus.
149. Promenade plantée, 12ème arrondissement. Escalier bordé de verdure.
150. Promenade plantée, 12ème arrondissement. Passage élevé à travers les bâtiments.

151. Promenade plantée, 12ème arrondissement.
Sentier au tunnel enveloppé de vignes.
152. Promenade plantée, 12ème arrondissement.
Passerelle abritée.

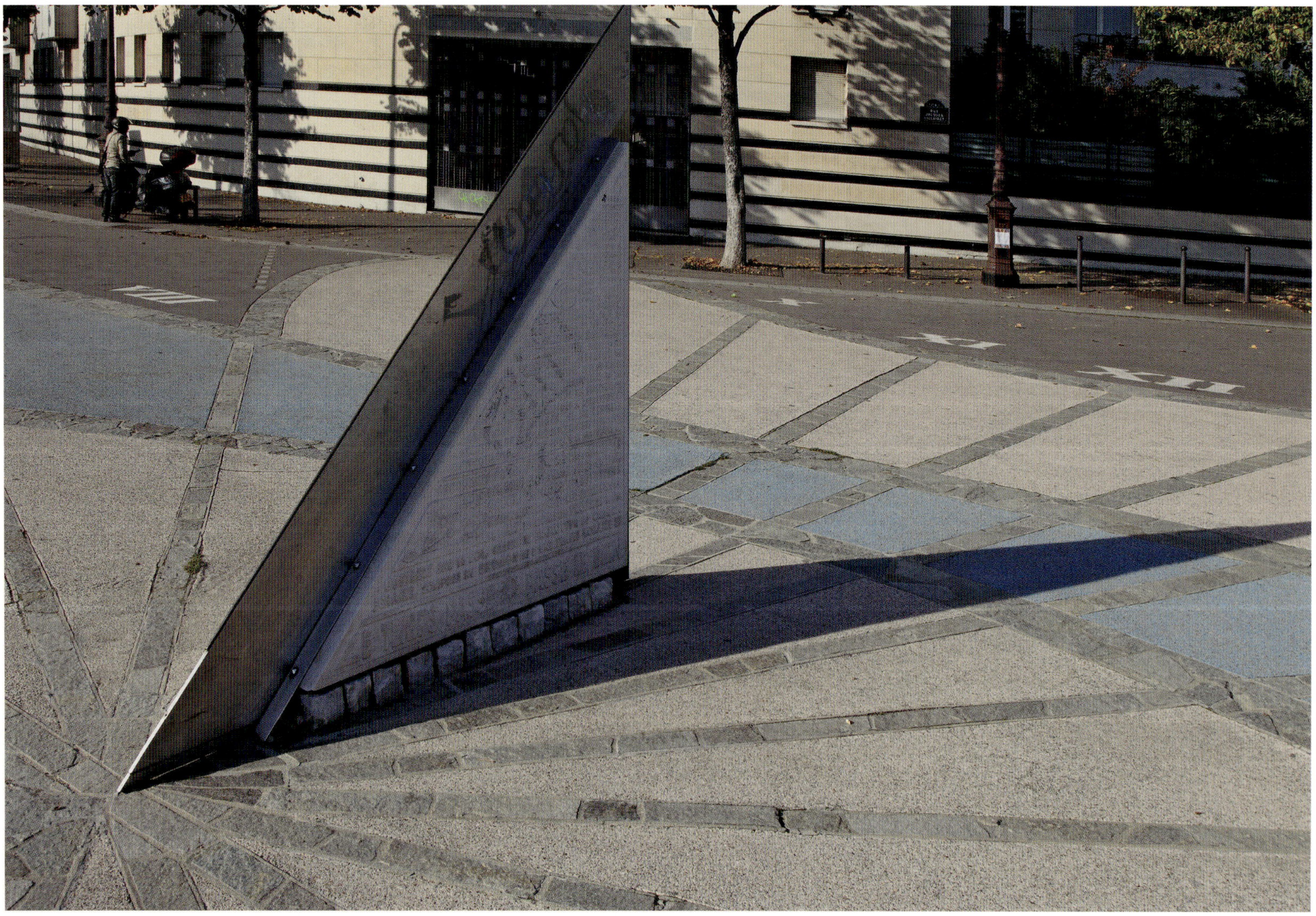

153. Jardin de Reuilly, 12ème arrondissement (p. 23). Cadran solaire.
154. Jardin de Reuilly, 12ème arrondissement. Pont piéton suspendu.

155. Parc de Bercy, 12ème arrondissement (p. 24).
Fontaine et stade de toit verdoiement.

156–158. Parc de Bercy, 12ème arrondissement.
3 vues de la fontaine.

159. Parc de Bercy, 12ème arrondissement. Tonnelle colonnades coverts de glycines.
160. Parc de Bercy, 12ème arrondissement. Pont piétonnier reliant les 2 côtés du parc.
161. Parc de Bercy, 12ème arrondissement. Charmilles de vigne référencement ancienne utilisation comme quartier d'entrepôt de vin.

pp. 180/181
162. Parc André-Citroën, 15ème arrondissement (p. 24). Passerelle abritée de chênes.
163. Parc André-Citroën, 15ème arrondissement. Arcs carrés de vignes décorés de glycines.

164. Jardin Atlantique, 15ème arrondissement (p. 24). Suspendu au-dessus de la gare Montparnasse; thème des vagues et de l'eau.
165. Jardin Atlantique, 15ème arrondissement. Mur de fontaines.
166. Jardin Atlantique, 15ème arrondissement. Courts de tennis sur des espaces trop peu profonds pour être aménagés.

167. Musée du quai Branly, 7ème arrondissement, par Jean Nouvel (p. 24). Chemin dans les jardins du musée.
168. Musée du quai Branly, 7ème arrondissement. Jardins verticaux.

169. Parc Clichy-Batignolles Martin Luther King, 17ème arrondissement (p. 24). Conception d'escalier flottant pour faciliter la vidange.
170. Parc Clichy-Batignolles Martin Luther King, 17ème arrondissement. Trottoir bordé de vagues.

171. Parc Clichy-Batignolles Martin Luther King, 17ème arrondissement. Terres humides artificielles.
172. Parc Clichy-Batignolles Martin Luther King, 17ème arrondissement. Moulins à vent qui font progresser l'objectif de durabilité.

173. Parc Georges-Brassens, 15ème arrondissement (p. 24). Etang.
174. Parc Georges-Brassens, 15ème arrondissement. Pavillion.
175. Parc Georges-Brassens, 15ème arrondissement. Porte d'entrée.

Références

Histoire

Bührer-Thierry, Geneviève, *L'Europe carolingienne (714–888)*, Armand Colin, Paris, 2004.

Gouguenheim, Sylvain, *Regards sur le Moyen Âge: 40 histoires médiévales*, Tallandier, Paris, 2009.

La Chanson de Roland (Lettres Gothiques), édition critique et traduction de Ian Short, Le Livre de Poche, Paris, 1990.

Landsberg, Sylvia, *The Medieval Garden*, University of Toronto Press, Toronto, 2003.

Liddiard, Robert, *The Medieval Park: New Perspectives*, Windgather Press Ltd., Cheshire, 2007.

Lorentz, Philippe, et Dany Sandron, *Atlas de Paris au Moyen Âge: espace urbain, habitat, société, religion, lieux de pouvoir*, Parigramme, Paris, 2006.

Mariage, Thierry, *The World of André le Nôtre*, traduit par Graham Larkin, University of Pennsylvania Press, 1999. Publié à l'origine en tant que *L'univers de la Nostre*, Éditions Mardaga, Wavre, Belgique, 1990.

Pinon, Pierre, *Atlas du Paris haussmannien. La ville en héritage du Second Empire à nos jours*, Parigramme, Paris, 2002.

Pitt, Leonard, *Paris: A Journey through Time*, Contrepoint, Berkeley, 2010.

Poisson, Georges, *Histoire et histoires de Sceaux*, Les Amis du Musée de l'Ile de France, Château de Sceaux, 1981.

Strabo, *Geographica*, à l'origine un travail 17-volume en grec historien, philosophe et géographe depuis le début de l'ère actuelle; huit volumes disponibles dans la traduction par Horace Leonard Jones des années 1930 et les années 1950.

Williamson, John, *The Oak King, the Holly King and the Unicorn: The Myths and Symbolism of the Unicorn Tapestries*, Harper & Row, New York, 1986.

Parcs et jardins

Alphand, Jean-Charles-Adolphe, *Les promenades de Paris*, J. Rothschild, Paris, 1867–1873.

Babelon, Jean-Pierre, et Jean-Marc Vasseur, *L'abbaye royale de Chaalis et les collections Jacquemart-André*, Éditions du Patrimoine, Paris, 2007.

Georgel, Chantal, *La Forêt de Fontainebleau. Un atelier grandeur nature,* Éditions de la Réunion des Musées Nationaux, Paris, 2007.

Ferretti Bocquillon, Marina (ed.), *Le jardin de Monet à Giverny: l'invention d'un paysage*, Musée des Impressionnismes, Giverny, 2009.

Gousset, Marie-Thérèse, *Jardins médiévaux en France. Itinéraires de découvertes*, Editions Ouest-France, Rennes, 2003.

Hervet, Jean-Pierre, et Patrick Mérienne, *La Forêt de Fontainebleau. Et les forêts des Trois-Pignons, de Barbeau et de Larchant-La Commanderie*, Office National des Forêts, Éditions Ouest-France, Rennes, 2009.

Jarrassé, Dominique, *Grammaire des jardins parisiens*, Parigramme, Paris, 2007.

»La forêt de Fontainebleau: un atelier grandeur nature«, *Dossier de l'Art*, no. 138, Éditions Faton SA, Dijon, 2007.

MacDougall, Elizabeth Blair (ed.), *Medieval Gardens*, Dumbarton Oaks Research Library and Collection, Washington, D.C., 1986.

Moncan, Patrice de, *Paris, les jardins d'Haussmann*, Les Éditions du Mécène, Paris, 2009.